週刊戦国ゴシップ

スエヒロ 著

淡交社

はじめに

この本は「もしも戦国時代に週刊誌があったら」をテーマに、戦国武将たちのゴシップやスキャンダルを週刊誌風に紹介していく一冊です。

織田信長や武田信玄といった戦国時代に活躍した数多くの武将たちは、現代社会に置き換えると華々しい活躍で注目を集める芸能人や著名人のようなものかもしれません。ステージで華麗に能を舞う信長、草履《ぞうり》ではなくローラースケートを懐《ふところ》で温める秀吉、家康あたりは敏腕経営者としてメディアで活躍していそうですし。

この本では、そんな彼ら人気の戦国武将たちの意外な素顔や、癖だらけの言動を、現代の週刊誌パロディ風に紹介することで、より楽しく知って、身近に感じていただける内容となっております。教科書で習うちょっぴり堅苦しい内容に比べると、史実だけでなく諸説ある逸話や、後世の創作なども交《まじ》えつつ、いくぶんふざけておりますので気楽に読み進められる内容かと思います（通勤通学やトイレなんかでもきっと読みやすい！）。
日本史好きだけでなく、日本史があまり好きではない方、学校の授業でも歴史はあまり聞いていなかったという方にも、お気軽にお読みいただける内容ですので、ぜひ手にとっていただけると幸いです。

スエヒロ

目次 CONTENTS

※本書の内容には諸説あるものがあります。また、内容には一部演出を含んでおりますが、登場する人物を批判するものではありません。

ゲ頭）野郎が！」

パワハラの実態

腹心武将が語った天下人最有力の人気武将・織田信長のパワハラ三昧の戦国ライフ……

○登場人物

【織田信長／おだ のぶなが】
尾張の戦国大名。桶狭間《おけはざま》の戦いや長篠《ながしの》の戦いなどを経て勢力を広げ、天下統一の目前までいきながら明智光秀の謀反によって討たれた人物。若い頃はその奇行から「大うつけ」と呼ばれていたことも。日本史で最も有名な人物の一人

【A氏（明智光秀／あけちみつひで）】

戦国大名。斎藤道三、朝倉義景に仕えた後、織田信長の家臣となる。金《かね》ケ《が》崎《さき》の戦い、長篠の戦いなどで実績を残し評価され、丹波国の大名に。本能寺に滞在する信長に対し謀反を起こした「本能寺の変」はあまりにも有名

今川義元《よしもと》氏や武田勝頼氏などを打ち破り、今最も勢いがあるとされる人気の武将・織田信長氏の「パワハラ疑惑」を小誌はキャッチした。天才的かつ野心的。合戦から調略・内政までこなし、天下人の最有力との呼び声も高い信長氏に、突如湧き上がったパワハラ騒動。信長氏から実際に暴言を浴びせかけられた腹心部下のA氏が、小誌の取材に対して信長氏のパワハラの数々を語った。

スクープ 01

スクープ報！

「この金柑頭（ハ

織田信長の壮絶

些細な発言に激怒、欄干に頭を……

小誌の取材に応じてくれたA氏は、長年信長氏に仕えている腹心中の腹心だという。

「信長氏の気性の荒さは、もともと地元では有名でした。『うつけ者』なんて呼ばれていて、父親の葬儀で焼香《しょうこう》の灰を投げ付けたなんて話も聞いたことがあります」

鉄砲の三段撃ちなど、革新的な戦略を打ち出す信長氏のイメージからは程遠いが、家臣や親族などの周辺では、信長氏の〝蛮行〟は有名だという。そしてA氏は信長氏からのパワハラにも悩まされている。

「些細なことで激怒することが多いです。先日はある征伐《せいばつ》プロジェクトの報告会があり、私が皆の労をねぎらって『苦労したかいがあった』と述べたのですが、それを聞くやいなや信長氏の顔色がみるみる変わったのです」

A氏は肩を震わせながら続ける。「おそらく私の功績があまりなかったことが気に障《さわ》ったのでしょう。『おのれは何の功があったか！』と怒鳴り声をあげて私に迫りました」

狼狽《ろうばい》するA氏に詰め寄った信長氏は、A氏の頭を欄干《らんかん》に打ち付けて侮辱《ぶじょく》したという。「欄干にガツンガツンと頭を打ち付けられました。痛みより衆人の前で叱責《しっせき》される恥ずかしさで涙が出そうになりました」

A氏に対するパワハラは他にもある。A氏の風体はスラリとした聡明《そうめい》な武将という印象であるが、頭髪がやや薄く、そのことを本人も気にしているという。そんなA氏に対して信長氏は、ことあるごとに頭髪をある果物にたとえて揶揄《やゆ》するというのだ。

「私はやや頭皮が赤みがかっているので

小誌スクープ班が撮影した
欄干に打ち付けられるA氏

すが、それを信長氏からは〝金柑頭《きんかんあたま》〟と呼ばれ蔑《さげす》まれています」

A氏によると〝金柑頭呼ばわり〟は四六時中行われ、合戦場や軍議など家臣が集まる場でも、容赦《ようしゃ》なくA氏に浴びせかけられるという。

「周りの家臣も信長氏のイエスマンばかりなので、そういった発言にも苦笑い程度の反応ですね。別の家臣は〝さる〟（＊1）と呼ばれていたりして、信長氏の配下ではそういうハラスメントが当たり前になっているのが実情です」

飲み会幹事に痛烈ダメ出し、炎上も開き直り？

A氏に対するパワハラは他にもある。

「有力武将を招く飲み会があったのですがその幹事を任されました。当日の料理など、自宅で準備を進めていたのですが、そこに突然、信長氏がやってきたのです」

A氏によると、信長氏はA氏の幹事ぶりをチェックするために突然自宅にやってきたという。信長氏はズカズカと家に入り込み、台所に入るやいなや、「この様子では御馳走《ごちそう》の準備は務まるまい！」と怒鳴り声をあげたという。当時A氏は、地元の名物料理である「鮒《ふな》ずし」の準備をしており、発酵料理である鮒ずし特有の臭いをかいだ信長氏は「腐った食べ物を出そうとしている」と勘違いしたとA氏は言う。

「信長氏は私の説明を一切聞かずに、怒

＊1【さる】豊臣秀吉のあだ名。織田信長は他にも秀吉を「あの禿げ鼠」と呼んだりしていて色々とヒドイ。猿に鼠にと、およそ人のあだ名でチョイスされないラインナップ。強い。

鳴り散らした挙げ句、幹事のクビを言い渡しました。皿も投げ付けて台所はひどい有様でした」

A氏の自宅で突然皿を投げ付ける信長氏
（A氏提供写真）

信長氏が聞き耳を持たないケースは他にもある。それは元亀2年（1571）9月頃に信長氏が引き起こした焼き討ち（＊2）事件だ。

「某お寺を攻めたことがあったのですが、信長氏は焼き討ちをすると言い出して聞きませんでした。私からは神仏は敬《うやま》うべき、罰があたるに違いない、と進言したのですが、まったく聞き入れられませんでした」

この焼き討ち事件については、武将業界だけでなく各所から批判の声が多く出ている。焼き討ちにあった寺は、京都と近江にまたがる某宗派の総本山となっている場所で、各地の戦国武将とも関係が深い。また都界隈にも影響力があり将軍だけでなく朝

＊2【焼き討ち】信長が比叡山延暦寺をまるごと焼き討ちにした事件。焼き討ち前にすでに廃絶していた施設も多かった等の見方もあるものの、神仏を恐れない信長さんはやっぱり怖い。

廷からも一目置かれており、今回の焼き討ちに対して朝廷からは「仏法破滅」といった厳しい表現で非難する声も聞かれている。業界の関係軍師は「こういった神仏を恐れない行為は、武将活動をする上でリスクが高い」と分析する。

「寺社勢力とうまく連携していくことが天下人には必須だが、信長氏は南蛮への傾《けい》倒《とう》が過ぎるという声が多く聞かれます。今回焼き討ちにあった寺は、権力に溺《おぼ》れ堕落していたという声もありますが、信長氏のやり方はあまりにも過激だと思います」

焼き討ち事件後の信長氏について、A氏は「家臣団の間では疑問を持つ声や批判の声が多くあがりましたが、信長氏本人は特に反省するそぶりもありませんでした」と話した。

炎上もなんのその、信長氏のパワハラ天下布武はとどまることを知らない。しかしこのような傍若無人《ぼうじゃくぶじん》な行為が続けば、いつの日か自分自身が燃え上がる日も遠くないのかもしれない――。

毒殺スクープ

美濃・斎藤道三氏に「国パクり疑惑」が急浮上……

土岐氏の更なる弱体化を狙い宴で頼満氏を毒殺？

道三氏に噂される「国パクり疑惑」とは

○登場人物

【斎藤道三／さいとう どうさん】
美濃国を治めた戦国大名。油売りから（諸説あり）下剋上でのしあがり、美濃一国を奪った人物。織田家との和睦のなかで、娘である帰蝶《きちょう》を織田信秀の嫡子・信長に嫁がせている。「美濃のマムシ」の呼び名でも知られる人物

【土岐頼満／とき よりみつ】
美濃国の守護を務めた土岐頼芸の弟。頼芸は斎藤道三に擁立され美濃国主に就くも後に不和となり美濃を追われる。また、鷹の絵を描くのが得意という一面も。弟である頼満に至っては道三から宴に誘われ毒殺されている

美濃を中心に活躍の幅を広げている斎藤道三氏について、とんでもない噂が浮上した。道三氏の活動の最終目標が「国を盗《と》る」、いわゆる「国パク」であるということが、関係者の情報によって明らかになったのだ。また、その実現に向けて道三氏の〝非道すぎる手口〟も判明し、武士としての資質も問われかねない状況だ。「美濃のマムシ・サ

クセスストーリー」と褒めそやされてきた道三氏の輝かしい出世物語に、きな臭い匂いが漂《ただよ》い始めている。道三氏の「国パクリ疑惑」の真偽について、関係者の取材を元に迫っていく。

油売りとして起業

道三氏は、11歳の時、法蓮房《ほうれんぼう》の名で京都・妙覚寺に入り僧侶となり、当時から利発な少年で、仲間内ではリーダー格として扱われていたという。その後、還俗《げんぞく》してからは松波庄五郎という名を名乗り、氏が目をつけたのが出世のきっかけとなった「油ビジネス」である。

当時、京都にある油問屋・奈良屋又兵衛の娘をめとった道三氏は、そのコネクションを利用して油ビジネスをスタートさせる。「山崎屋」と称した道三氏のビジネスモデルは話題を呼んだ。山崎屋では行商の際に「油を注ぐ時に漏斗《ろうと》などのツールを使わず一文銭の穴に通してみせ、もしも油がこぼれた場合は料金を無料にする」と宣

油売り中の道三氏の姿

伝。このプロモーションを武器に道三氏は油を売り歩いた。この手法はSNSなどでも大きな話題を呼び「次世代の油売り」「まさに油売り2・0」などと注目を集め、道三氏のビジネスは順調に拡大、美濃近隣では手法を真似た「ニセ山崎屋」も多数出現したといわれるほどだ。

油売りから一転、武士の道へ

油売りで知名度を高めた道三氏は、その人脈などを活用し美濃国の守護である土岐氏のもとで小守護代を務める長井長弘《ながいながひろ》の家臣に登用される。これに関しては、「偶然出会った土岐家の武士から『油売りの情熱を武芸に注げば出世できる』とアドバイスされた」と道三氏は語っているが、関係者によると実際には妙覚寺時代のコネクションを活用したと言われており、道三氏が意図的に自身のキャリアを「盛って」見せていることがわかる。

長井氏に登用された道三氏は、その後、同僚であった西村《にしむら》氏の家名を継いで、西村勘九郎正利《かんくろうまさとし》と名乗る。この頃から道三氏はさらに頭角を現し、土岐氏近辺でもその名が知られ始め、特に当主・土岐政房の次男である頼芸《よりあき》氏からは高い信頼を得ており、さらに活躍の幅を広げていく。

相次ぐ改名、〝国パク〟の予兆も

道三氏の「国パク」疑惑は、この頃から

噂され始める。最初の事例は道三氏を取り立てた長井氏の事件だ。道三氏は恩人とも言える長井氏を「行いが悪い」という理由で処刑。その上で自身は「長井新九郎規《のり》秀《ひで》」と改名している。恩人を討ったばかりか、家名まで乗っ取る道三氏のいわば「家柄パク」はこれに留まらない。美濃守護代を務める斎藤利良《さいとうとしなが》氏が病気で亡くなった際には、道三氏が手を挙げてその後を継ぎ、名を「斎藤新九郎利政《としまさ》」に改名。これらの「家柄パク」の乱発によって道三氏はその地位を徐々に築き上げていったのである。

毒殺？ 美濃国を「国パク」

そんな道三氏がいま目標にしているのが「美濃国まるごと一国を乗っ取ること」だと関係者は言う。これまで培《つちか》ってきた知略を駆使しながら、土岐氏の有力者を巧みに操《あやつ》り始めている道三氏だが、特に先日亡くなった土岐頼芸氏の弟・頼満氏に関してはさらに黒い噂が流れている。土岐氏内部の関係者によると、頼満氏の死去に道三氏が深く関わっているというのだ。未確認の情報ではあるが、宴の席で道三氏が頼満氏に対して「毒を盛った」とも噂されており、これが本当であれば「マムシ」の毒牙《どくが》が土岐氏を襲い、いままさに「国パク」が行われているということになる。真相は闇の中だが、このままでは、美濃の国がマムシの根城になる日も遠くないかもしれない。

秀吉から拝領した名槍を……
福島正則「最悪泥酔」の裏側

詳報！

「槍に三位の位あり」と謳われた名槍が他人の手に……福島正則のやらかし酒癖の顛末

○登場人物

【福島正則／ふくしま まさのり】
尾張の戦国武将。幼い頃から豊臣秀吉に仕えて活躍。賤ヶ岳《しずがたけ》の戦いでは「賤ヶ岳の七本槍」の一人としても数えられた。九州征伐、文禄・慶長の役などにも従軍し、関ヶ原では徳川方についた。大酒飲みとしても有名

【母里友信／もり とものぶ】
黒田官兵衛・長政に仕えた武将。黒田二十四騎の一人にも数えられ、中でもさらに重用された「黒田八虎」の一人。勇猛果敢《ゆうもうかかん》な槍の名手。福島正則とのエピソードは福岡の民謡「黒田節」にも謡われている

「槍に三位の位あり」と謳《うた》われた天下の名槍・日本号。かつては皇室で所有されていたという由緒正しい槍であり、現在は福島正則氏が所持していることで知られている。ところが、現在この槍が福島氏の手元にないという情報を小誌取材班はキャッチした。取材によって明らかになった、かの名槍が他人の手に渡ってしまったトンデモ顛末《てんまつ》と、直撃取材で本人が語った一部始終をお送りする。

飲み会の席での〝泥酔ヤラカシ〟

名槍・日本号の来歴は輝かしい。正親町《おおぎまち》天皇から将軍・足利義昭に下賜《かし》された後は、織田信長、そして豊臣秀吉と錚々《そうそう》たるメンバーが所有している。その後、秀吉氏から福島正則氏の手に渡った日本号は福島氏にとっても自慢の逸品であり、周辺の人物によれば「これは秀吉殿から賜った由緒正しき槍である」と、福島氏はことあるごとに自慢していたという。

そんな福島氏の家宝とも言える槍が、現在は黒田孝高《よしたか》（官兵衛）の家臣・母里友信氏の手元にあるというのだ。

ことの顛末はこうだ。先月23日、福島氏のもとに黒田の使者として母里氏が屋敷を訪れた。酒好きの福島氏は、さっそく母里氏と酒を酌《く》み交わそうと酒席の準備を申し付けたそうだが母里氏は「使者であるから」とこれを固辞《こじ》。丁重に断ったという。

給仕を担当していた女性によると、この母里氏の態度に福島氏は腹を立て始め、「最初は和やかな雰囲気でお酒を勧めていたのですが、頑《かたく》なに断る母里さんの態度に、福島さんの顔色がみるみる変わりました」と給仕の女性は語る。福島氏は徐々に語気を荒くして、最後には「黒田家には豪《ごう》傑《けつ》はいない」とまで言い放ったという。

母里氏のまさかの行動に唖然

それでも堪《た》える母里氏に対し、福島氏は「貴殿が酒を飲み干したら、望む物を何でも与える（笑）」と豪語したという。「その言葉に流石の母里さんも堪忍袋《かんにんぶくろ》の緒《お》が切れたようでした。無言で立ち上がり、注がれた酒を一気に飲み干されました（給仕の女性）」。唖然《あぜん》とする一同を尻目に、母里氏は「飲み干したので槍もらっていいですか?」と言い放った後、無言で日本号を手に取り、飲み会現場を後にしたという。「福島さんは顔面蒼白でしたが、周囲の人間は呆れた顔をしていました（給仕の女性）」

飲み会現場で狼狽する福島氏

過去には「勢いで切腹命令」も

福島氏の〝酒癖騒動〟は今回が初めてではない。過去には泥酔して家臣に切腹を命じながらも、翌日にはそれを取り消したという事件も起こしている。関係者によると、福島氏は切腹命令を誤りと気づき慌てて取り消したが、すでに家臣は切腹。福島氏は号泣しながら亡骸《なきがら》に謝罪したという。今回、日本号を奪われた際にも「槍を同等の品と交換できないか?」と母里氏サイドに持ちかけたという噂も出ている。

竹中重利氏の仲裁でようやく和解?

この〝日本号強奪事件〟について、小誌が本人に直撃取材を敢行したところ、福島氏は「その件についてはコメントできない」と繰り返したものの、追及に対して日本号が手元にないことについては「それはそうです」と事実を認めた。所属事務所の豊臣オフィスは、この事件について「プライベートは本人に任せている」とコメントし、言及を避けたが、関係軍師によるとこの状況を見かねた竹中重利《たけなかしげとし》氏が仲介して、和解に向けての調整が進んでいるという。豊臣方関係者によると「双方のわだかまりをなくすために、記念の兜《かぶと》を交換して和解するプランが計画されているようです」

周辺では一連の出来事に「呑み取りの槍」と揶揄した呼び名が付けられるなど、様々な声が飛び交っている。和解に向けて動き出しているものの、福島氏の〝やらかし酒癖〟が改善されない限りは、いつの日か同じことが繰り返されるのではないだろうか——。

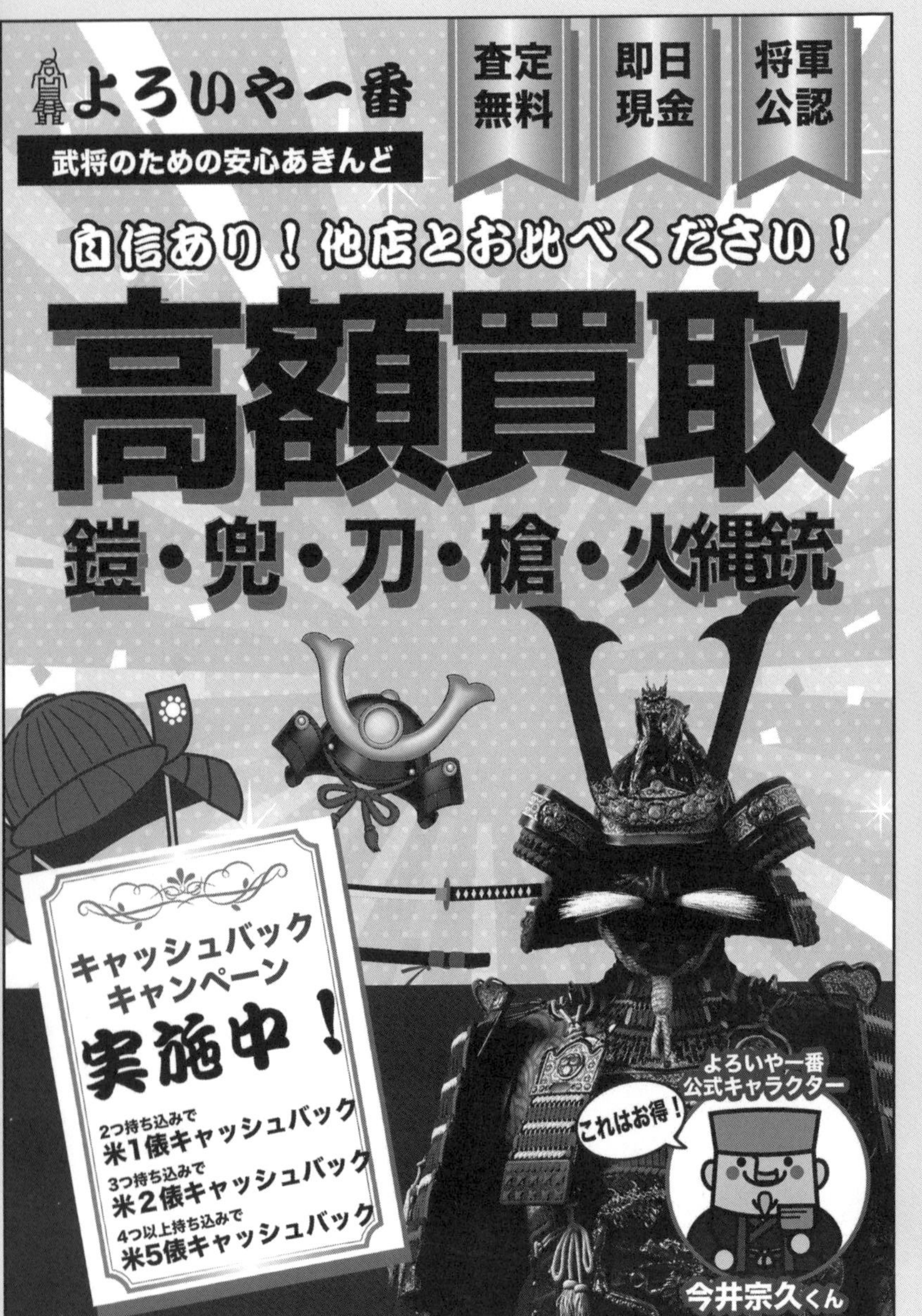
よろいや一番
武将のための安心あきんど
査定無料
即日現金
将軍公認
自信あり！他店とお比べください！
高額買取
鎧・兜・刀・槍・火縄銃
キャッシュバック
キャンペーン
実施中！
2つ持ち込みで
米1俵キャッシュバック
3つ持ち込みで
米2俵キャッシュバック
4つ以上持ち込みで
米5俵キャッシュバック
よろいや一番
公式キャラクター
これはお得！
今井宗久くん

緊急開催決定!!
KITANO BIG CHANOYU
―北野大茶湯―
チケット
Now on sale
武将全席指定
Let's Tea Party Time!
天正15年
会場10:00〜 茶会スタート 11:00
10.1〜10.10 / 10DAYS in 北野天満宮
抽選特典「黄金の茶室」優先入場チケット / 似たり茄子ステッカープレゼント
ちけっと聚楽第 / 関白チケ 茶の湯コード1587111/荒天・秀吉の気分次第で途中中止の場合あり
www.kitano-oo-chanoyu.old/tea-party

武田信玄さん死去していた……
「三年隠せ」もすぐにバレたワケ

□登場人物

【武田信玄／たけだ しんげん】
「甲斐《かい》の虎」と呼ばれた戦国大名。信濃一円を制して、越後の上杉謙信《うえすぎけんしん》と対立。川中島の合戦などが有名だが、治水事業や鉱山の開発など、内政でも優れた手腕を発揮した。風林火山の旗印も有名

【武田勝頼／たけだ かつより】
武田信玄の子。信玄の死後に家督を継ぎ、織田信長・徳川家康と戦うも長篠の戦いで大敗。その後勢力が急激に衰えていき、最後は信長に追い詰められて自刃に至り、武田家は滅亡している

天下統一の最有力武将と言われた甲斐国の武田信玄氏が、今月12日に亡くなっていたことがわかった。本誌の取材によると、信玄氏は上洛の途上で体調を崩し、そのまま死去したとみられている。このお家の一大事とも言える信玄氏の死について、武田家広報は当初発表を行わず「通常通りの隠居」と発表していた。しかしその後、SNSで情報が錯《さく》綜《そう》。炎上状態を受けてようやく信玄氏の死去を発表した。そんな甲斐の名将・信玄氏の死を巡るドタバタ劇の裏側の一部始終をお送りする。

上洛の途上で猛将を襲った病

信玄氏率いる甲斐武田家は、元亀3年（1572）9月から大規模な遠征プロジェク

トを行っていた。このプロジェクトは「西上作戦」と呼ばれるもので、将軍・足利義昭氏の呼びかけに応じて発足したプロジェクトである。天下統一の最有力と目《もく》されていた信玄氏が、義昭氏の声に応じて動き始めたことで、ネットでは「ついに天下取りに向けて信玄が動いた」「これで天下人は武田信玄で確定」などと様々な意見が書き込まれていた。

プロジェクトのスタート直後、信玄氏の武田軍は言坂《ことざか》・二俣城《ふたまたじょう》の戦い、三《み》方《かた》ヶ《が》原《はら》の戦いなどを順調に終え、そのまま上洛を続けるとみられていた。しかし2月、突如として武田軍を異変が襲った。信玄氏が病に倒れたというのだ。武田軍の関係者によると、信玄氏は野田城を攻略した後の打ち上げパーティーの場で突如喀血《かっけつ》。その翌日から武田軍の進撃は完全にストップし、上洛計画も白紙状態になったという。

関係者が明かす信玄氏の現状は……

「風林火山」でブレイク

信玄氏といえば、「甲斐の虎」と呼ばれる名将。その名声は地元・甲斐だけでなく全国区の人気を誇る。「風林火山《ふうりんかざん》」のキャッチフレーズで人気を博し、ご当地の騎馬部隊は全国的にも人気を集めている。

そんな輝かしいキャリアの中でも、ライバル・上杉謙信《うえすぎけんしん》氏と争った「川中島の合戦」は特に有名だ。五度に渡る「甲斐の虎」と「越後の龍」の夢の共演は、戦国武将の間でいまでも語り草になっている。謙信氏からは今回の信玄氏死去に関して、正式なコメントは現在も出されていないが、長年のライバルであり盟友とも言える信玄氏の死に、謙信氏の心中も察するに余りある。

武田家広報が死を隠したワケ

信玄氏が死去した正確な日時は不明であるが、取材班によれば元亀4年（1573）4月10日から12日の間とみられている。信玄氏は体調を崩した後、甲斐へ引き返す途上の三河街道上で亡くなったとの推測もある。

しかし、一国の主《あるじ》が死去したという緊急事態について、武田家広報は即時の発表を見送っている。この武田家の不可解な判断については、様々な憶測を呼んでいる。「跡継ぎ問題で争いがあった」「上杉家の陰謀」といった声から、果ては「宇宙人が連れ去ったのを秘匿《ひとく》していた」というトンデモ説まで飛び出している。信玄氏の死の前後に、武田家に何があったのか。小誌取材班は関係者への取材の中で一つの重要な情報をキャッチした。

信玄氏が残した「ある言葉」

信玄氏の死が隠された理由について、ヒントになる一つのファイルを小誌取材班は入手した。「甲陽軍鑑《こうようぐんかん》.docx」（＊1）の名称で保存されたそのファイルは、信玄氏自らによって作成され関係者に配布されたとみられる。ファイルの中身は「武田家の皆へ」という出だしから始まり、自身の病状や余命を察知した信玄氏が、家臣への様々なメッセージを著した内容である。

その中で、信玄氏の「死去秘匿」の要因となったとみられるのが「私の死について は、死後三年の間は秘匿してほしい」と記された箇所だ。戦国の世において当主の急死は他国にとっては好機であり、信玄氏はそれを懸念《けねん》し「死去秘匿」を部下に指示したのだろう。この一文に「知略に長《た》けた信玄さんらしいメッセージで、家臣は涙した」と関係者は語る。

また、信玄氏は「遺骸について は諏訪湖《すわこ》に沈める事」とも記しており、自身の死について徹底した情報統制や証拠隠滅を図《はか》ろうとしていたとみられる。この遺言を受けて、武田家広報は信玄氏の死を発表しなかったのではないだろうか。

筒抜けの情報、問われる情報管理

一方で、ここまで情報統制を図ろうとした信玄氏の意向に対して、実際には信玄氏

＊1【甲陽軍鑑】武田信玄、勝頼の二代に渡る功績などを記した軍記。信玄の死を三年秘匿するように指示した遺言も記されている。「武士道」という言葉が使われた最も古い書物とも。

の死後数日で、その事実は広く知られることとなった。その発端となったのはＳＮＳに投稿された一つのツイートだ。「武田家の間者男子（@i-am-tk-boys）」なるアカウントが投稿した「信玄代表が今朝亡くなったらしい。天下を取るならこの人だと思っていた。ご冥福をお祈りします。」という投稿が、10万ＲＴ《リツイート》を超えて拡散。当初は信《しん》憑《ぴょう》性を疑う声も多かったが、当該アカウントが躑躅ヶ崎館《つつじがさきやかた》（＊2）の関係者のアカウントとみられたことから、「本物ちゃうの？ということはマジ？」「これは間違いなく武田家関係者」といった声も多く寄せられ騒動が大きく広がった。当該アカウントは現在削除されているが、小誌の取材によれば武田家に勤務する間者男性の投稿であることがわかっている。

武田家の広報担当は「亡くなったのは事実」

この状況に対して、当初はコメントしなかった武田家であるが、小誌の再三の取材に対してようやくコメントを発表。広報部の書面による回答で「弊家の前代表である武田信玄について、先日から体調を崩しており4月に死去したことは事実です」と信玄氏の死をようやく認めた。信玄氏の死についての詳細や、発表が行われなかった件については、「信玄氏はすでに隠居しており、取材に対しての弊家からのご返答は控えさせていただきます」と詳細は語らなかった。

＊2【躑躅ヶ崎館】甲府に存在した甲斐武田氏の居城。1519年に武田信虎が築城し、信玄、勝頼も居城とした。ちなみに城内には水洗式トイレがあったとも伝えられている。凄い。

武田家の対応についてSNSでは「塩対応すぎる」「発表遅きこと山の如し」などの批判の声が書き込まれており、ライバルの謙信氏も「ネットニュースで知ったけどまあまあショック……。勝頼くんも大変だと思うけど、こういうのはきちんと発表して欲しかった」と現代表・武田勝頼氏に対して苦言を呈《てい》している。

勝頼氏は沈黙も各方面で影響

謙信氏から名指しで批判された勝頼氏だが、現在も沈黙を貫《つらぬ》いている。取材の申し込みに対しても返答がない状況が続いているが、信玄氏死去の影響は広がり続けている。

足利義昭氏は信玄氏からの協力を得る前提で、織田信長氏に対しての挙兵プロジェクトを立ち上げていたものの、信玄氏の死で後ろ盾を失った形だ。一方で、信長氏や徳川家康氏らにとっては勢力を伸ばすチャンスが到来したとも言える。実力者・信玄氏が亡くなったことで、天下に動きが出ることは必至とみられる。この後の武田家の去就《きょしゅう》に注目が集まっているが、当の勝頼氏は依然口をつぐんだままだ。勝頼氏の「ダンマリすること林の如く」が、この戦国の世でいつまで通用するのか、しっかりと見守っていきたい。

名将・徳川家康にまさかのお漏らし疑惑が急浮上・・・・？

敗走中に起きた赤面すぎるハプニングも「これは味噌」の言い訳に部下一同も唖然……

□登場人物

【徳川家康／とくがわ いえやす】

三河の戦国武将。幼年期は今川氏の元で人質生活を送るなどしていたが、織田信長と結び徐々に所領を拡大。信長の死後は秀吉と和睦して天下統一に協力。その秀吉の死後は、関ヶ原の戦いで勝利し天下人となる

全国的にも知名度を高める三河の戦国武将・徳川家康氏。元亀3年（1572）12月に行われた三方ヶ原《みかたがはら》の戦いでは、惜しくも武田信玄氏に破れた家康氏であるが、氏の人気は衰えを知らない。そんな家康氏の周辺で、合戦後に起きたとんでもない赤面ハプニングの噂が飛び交っている。三方ヶ原の戦いで家康氏がなんとお漏らししたのだという。耳を疑うようなエピソードの真相について、小誌取材班が徹底取材を行った。

発端は三方ヶ原の戦い

　騒動の本端となったのは前述の三方ヶ原の戦いである。上洛の途上にあった信玄氏が三河・遠江《とおとうみ》方面への侵攻を進める中で家康氏の軍勢と衝突。その際に遠江国・三方ヶ原の台地で開催された合戦が「三方ヶ原の戦い」である。この時、家康氏は織田信長氏と連合軍を結成していたが信玄氏との戦力差は大きかった。

　合戦前から「信玄氏有利」の声がささやかれており、SNSでも「どう考えても信玄公の勝ち」「家康オワタw」等のつぶやきが多く書き込まれていた。侵攻は前評判通り、三万を超える信玄氏の軍勢が次々と城を攻略していく展開となり、三方ヶ原の戦いに至っては、わずか二時間という短時間で武田軍が勝利する圧倒的な結果となった。

家康氏の「独り相撲敗戦」

　徳川方の関係者によれば、この三方ヶ原の戦いでの敗戦については、家康氏の身勝手な采配《さいはい》に原因があったという。当初、合戦は浜松城での籠城《ろうじょう》戦が見込まれていたものの、家康氏の判断で籠城策から攻撃策への変更が行われた。同関係者によれば、信玄氏は、浜松城に籠城する家康氏を素通りし西方へと進軍したとみられている。信玄氏は家康氏を「脅威《きょうい》ではない」とスルーしたわけだが、この行動に対して家康氏が立腹したという。家臣からは反対の声があがっていたものの、家康氏はそれを押し切って攻撃策を決断。その結果、わずか二時間での決着という圧倒的な敗戦を招いてしまったわけである。この家康氏の「独り相撲敗戦」については、徳川家内部からも非難の声があがり、一部の週刊誌でも批判的な報道が繰り返された。

さらにこの惨敗では、徳川氏陣営も手痛い損失を負っている。鳥居四郎左衛門氏、成瀬藤蔵氏のほか、中根正照《まさてる》氏、青木貞治《さだはる》氏や、家康氏の身代わりとなった夏目吉信氏など、家康氏の周辺人物が多く討ち取られている。家康氏自身も、僅《わず》かな供廻りのみを引き連れて浜松城に逃げ帰っている。

命からがら逃げ帰ったという家康氏と一行

まさかの疑惑も本人は……

この敗走の中で起きたのが、件《くだん》の「お漏らし疑惑」である。浜松城に逃げ帰る途上、あまりの恐怖に家康氏は催《もよお》したものを我慢できずに大便を漏らしてしまったのだという。家康氏と浜松城への敗走に同行したという関係武将は「噂は部下の間でも話題になりました。ただあの時は全員が死にものぐるいで逃げていて、現場はかなり混乱していたので、もしかしたら……という程度の話ではあるのですが」と話す。生死を分ける敗走中であれば、便意などは二の次になるのは致し方ないという見方も多い。一方で、この事件で批判的にみられているのが家康氏の〝聞き苦しい〟言い訳である。

関係武将によれば当時、家康氏自身も周囲の反応を察したという。その後、家康が突然「これは味噌だから」という言い訳を始めたのだという。「素直に認めて、笑い飛ばしてくれれば、部下も一緒に笑えたのですが、変に言い訳のようなものをし始めたので、周りも触れることができなくなってしまったのです」と関係武将は語る。以降、この事件については家康氏の周辺ではタブーとなり、一説によれば「味噌」という言葉を発するのも憚《はばか》られるようになっているのだという。

徳川陣営は否定、沈着冷静な「空城の計」も

この事件に関して、小誌取材班は徳川陣営に取材を申し込んだ。徳川家広報は「報道されているような事実は一切ない」と事件を完全否定。理由について「浜松城への敗走について関係武将の方々に大変ご迷惑

をおかけしたのは事実です。一方で、浜松城到着後は城門を開きかがり火を焚《た》いて、相手を警戒させる空城の計画を実施しており、アフターケアをしっかりと行っております。報道されたような事象や当家代表の発言も全くの事実無根です」とし、法的処置も辞さないとしている。

当時、家康を追って浜松城まで追撃してきた山県昌景《やまがたまさかげ》氏によれば、「門が開け放たれていて、もしかして罠ではないかと疑ってしまいました。振り返ると、あの状況でものすごくクレバーな判断だなと思います」と家康氏の対応を称賛している。これだけ冷静な判断ができる人物が、お漏らし事件を引き起こすとは確かに考えにくい。

家康氏が投稿した「しかみ自画撮り」の謎

SNSなどで日々発信を続ける家康氏だが、この騒動に関しての言及は一切なく、メディアの取材でもこれに関する発言はない。

一方ファンの間では、三方ヶ原の戦いの後に家康氏が投稿した、一枚の自撮り画像が話題を集めている。それは家康氏が、頬に手を付きながら顔をしかめた様子で自撮りしている一枚の写真だ。投稿については「TODAY 元亀3年12月22日」と日付だけが添えられている。話題になっている理由は、その日付が三方ヶ原の戦い当日のものであるからだ。敗走した当日に投稿された「しかみ顔」の自撮りに対して、ファンからは様々な憶測が飛んでいる。「自分を戒《いまし》めるためのものでは？」「狩野《かのう》派の絵師が写真を撮影したらしい」「失敗を次の成功につなげるための自戒投稿」「味噌事件を忘れないようにするための思い出投稿」

家康氏が投稿した問題の自撮り写真

など様々なコメントが寄せられているが、真相は闇の中だ。

　しかしながら、自身の手痛い敗戦や恥ずかしいハプニングを、こういった形にして残しておくというのは、なんらかの自戒を意味することは間違いない。天下人への躍《やく》進《しん》も期待される三河の人気武将は、一体何を「匂わせ」ているのだろうか――。

緊急告発!

「武田勝頼にフェイクニュースを強要された」

奥平家使者が壮絶告白、武田勝頼の〝嘘ハラ〟のスクープ

□登場人物

【T居（鳥居強右衛門／とりい すねえもん）】

徳川方の武将である奥平貞昌《おくだいらさだまさ》に仕えた武将。貞昌が武田勝頼の軍勢に囲まれ籠城《ろうじょう》していた際に、強右衛門が脱出し援軍要請に成功。城に戻る際に捕縛されるも「助けが来る」と叫び仲間に状況を知らせた。その後、強右衛門は磔《はりつけ》にされている

武田信玄氏の後を継ぎ代表として甲斐国を牽引《けんいん》する武田勝頼氏にハラスメント疑惑が持ち上がった。同氏が捕縛した使者に対して「フェイクニュース」を流すことを強要したという。美濃・三河・遠江へと進出する大型上洛プロジェクトを進めている新進気鋭の武将に急浮上した疑惑。今回、その勇気ある告発をしたのは、奥平家で使者を務めるT居強右衛門さんである。T居さんは勝頼氏から受けたハラスメントを涙ながらに語ってくれた。

武田家と徳川・織田家の争いの最中……

T居さんの所属する徳川勢の奥平家では、奥平貞能《さだよし》氏が当主を、長男の貞昌氏が長篠城担当を務めている。三河の東端に位置する長篠城は徳川家にとっての重要拠点のひとつで、貞昌氏は家康氏本人から長篠城を託《たく》され業務にあたっている期待の武将の一人だ。その貞昌氏の使者を務めているのが今回告発をしたT居さんだ。

T居さんは先日まで、長篠城において勝頼氏に対抗するための籠城プロジェクトに参画していた。このプロジェクトでは、長篠城に籠城する奥平氏に対して、勝頼氏が一万五千もの兵力で包囲し、連日攻撃を仕掛けている。この籠城戦の最中に、ハラスメント騒動が勃発したというのだ。

窮地に陥った奥平氏

当時、奥平氏は長篠城の籠城戦で苦戦を強いられていた。周囲を大軍に囲まれつつも善戦していた貞昌氏だが、13日未明に武田方から放たれた火矢によって、兵糧を納めた建物が全焼。この窮地に対して貞昌氏が起用したのが、件《くだん》のT居さんだ。T居さんは「とても苦しい状況だった」と当時の状況を語る。「援軍も期待できない敗戦濃厚な雰囲気の中で、兵糧が全焼しチームは意気消沈でした」。T居さんはこの状況で、家康氏のもとに援軍を要請するポジションに抜擢《ばってき》された。「自分にこんな大役が務まるか不安でした。でも最後は覚悟を決めて援軍要請の役割を引き受けました」。プロジェクトに着手したT居さんは、無事長篠城からの脱出に成功。岡崎城に到着し、家康氏に長篠城の窮地を伝え援軍派遣の約束を取り付けた。「援軍を送ると聞いてとても嬉しかったです。この情報をすぐにでも味方に伝えたいと思い、返す刀で長篠城に戻りました」。ところが、この帰路でT居さんは武田方に捕らえられてしまったという。

勝頼氏がフェイクニュースを強要

捕らえられたT居さんの不幸はここから始まる。「捕らえられた後、武田勝頼さんが私の前にやってきて、ある要求をしたのです」。T居さんによるとその時、勝頼氏はT居さんに対して「援軍はこないので降伏したほうがよい、と嘘の情報を発信しろ」と迫ったという。「目の間にスマホを持ってこられて、言う通りにツイートしろと言われました」。この〝フェイクニュース強要ハラスメント〟に対して、T居さんは抵抗し続けたという。「こんなやり方は納得できない、と訴えました」。それでもツイートを強要する勝頼氏に対して、T居さんは言われた通りにツイートすると見せかけて、隙を見て「援軍がすぐ到着するンゴ」とツイート。この行動に勝頼氏は激怒した。

ツイート
鳥居強右衛門
@torii-suneemon
援軍が
到着するンゴ

勇気あるツイートをしたT居さん

当時のやりとりについて、T居さんは「嘘の情報を強要されたことがとてもショックでした。まるで磔《はりつけ》にされたような気分です」と語る。

小誌は武田氏に〝フェイクニュース強要ハラスメント〟に対しての問い合わせを行ったが、期日までに回答は得られなかった。しかしながらこのような横暴が続けば、武田氏の信用は失墜し、織田・徳川方への同情の声が高まることは間違いない。小誌では引き続き、武田氏への取材を続行していくので、続報を期待して待って欲しい。

続報

腹心部下によるまさかの裏切り行為に信長唖然……

明智光秀が引き起こした「本能寺謀反トラブル」の一部始終

□登場人物

【織田信長／おだ のぶなが】
天正10年6月2日に起きた本能寺の変。信長は当時、少数の手勢とともに本能寺に滞在していたところ明智光秀による謀反に遭遇。寝込みを襲われた信長は、応戦するも最後には寺に火を放ち自害。最後を迎えた

【明智光秀／あけち みつひで】
明智光秀が突如として謀反に及んだ理由には様々な説が存在している。代表的なところでは、私憤による謀反説や、天下統一への野望説などがある。その他にはイエズス会黒幕説や森蘭丸黒幕説、徳川家康黒幕説なども

先日、本誌が報道した「スクープ報！ 腹心武将が語った天下人最有力の人気武将・織田信長のパワハラ三昧の戦国ライフ……」で明らかになった織田陣営の内情が話題を集めたことは記憶に新しい。先日、その織田陣営からさらなる情報が飛び込んできた。織田信長氏のパワハラのターゲットになっていた有力武将の一人・明智光秀氏が、「謀反トラブル」を起こしていたというのだ。それにより信長氏が討たれたという未確認情報も伝えられており、織田家ならびに京都界隈では様々な憶測が飛び交っている。天下人目前の信長氏に巻き起こった謀反騒動を、現地本能寺での徹底取材のほか、騒動の発端となった光秀氏への突撃取材の結果とともにお送りする。

スクープ 07

信長氏が滞在中の本能寺で異変

謀反トラブルに巻き込まれたという信長氏

関係者によれば、天下統一に最も近いとされる信長氏は、ここ最近上洛の回数が増加しており、京都付近に滞在していることが多いという。信長氏は京都周辺にある寺などを宿にしており、中心部からほど近い妙覚寺《みょうかくじ》が定宿として知られているが、今回の騒動の際には、信長氏は妙覚寺ではなく本能寺に滞在していたという。居城である安土城の関係者は「戦の用意をして待機せよ、とのお達しを残して上洛されましたが、宿が本能寺であった理由はわかりません」と理由を明らかにしていない。

信長氏は供廻りなどは連れずにわずかな小姓衆のみを率《ひき》いて上洛しており、氏の周辺は手薄な状態だったと同関係者は話す。そのような状況下で、信長氏にアクシデントが巻き起こったのだという。そしてそのアクシデントの仕掛け人は、信長氏の腹心と呼ばれてきた、誰あろう明智光秀氏だ。

桂川に大軍？予定外の行動

光秀氏といえば、信長氏の右腕とも称される優秀な人物であるが、前述の小誌スクープでは、仕事上のミスを叱責《しっせき》され欄干《らんかん》に頭を押し付けられたり、飲み会の幹事で皿を投げ付けられたりするなどのパワハラを信長氏から受けていたことがわかっている。報道後、織田陣営からは公式なコメントは発表されなかったが、SNSでは信長氏に批判の声も集まり、光秀氏には同情の声が寄せられていた。関係者によると、パワハラ騒動後も光秀氏は通常通りに勤務を続けており、中国地方への遠征プロジェクトなどに従事していたという。

ところがそのプロジェクトの最中に、光秀氏は予定外の行動を起こしたという。中国地方の毛利攻めに出発したはずの光秀氏は急遽《きゅうきょ》コースを変更。京都からほど近い桂川《かつらがわ》付近で光秀氏の軍勢が多く目撃されている。そしてその後、光秀氏の軍勢は信長氏が滞在する本能寺へ向かったとみられている。

光秀氏の〝仰天宣言〟と〝匂わせ投稿〟

光秀氏の行動について、実際に現場に居合わせた光秀氏の部下の一人が匿名を条件に詳細を語ってくれた。「桂川の周辺で待機していたのですが、馬の沓《くつ》を切り捨て、足軽《あしがる》は草鞋《わらじ》の履き替え、火縄を一尺五寸（約45・5㎝）に切って火を付けるようにという命令が出ました。これらの命令は通常、戦闘準備を意味するものなので現場は騒然となりました。準備を進めながらも誰を攻めるのか、何かトラブルが起きているのか、など皆がヒソヒソと話していました」。そんな中光秀氏が前に出てきて話し始めたという。「遠くて聞こえにくかったのですが、最後に『敵は本能寺にあり!』と光秀氏の大きな声が聞こえてきて、これから本能寺に向かうんだな、謀反するんだな、ということが初めてわかりました」

この光秀氏の謀反宣言については、自身のSNSで予告めいた投稿がされていたこともわかっている。本能寺での謀反の直前に、光秀氏のアカウントには「ときは今 天が下知る 五月哉」と投稿されており、これは「とき＝源氏の流れを汲む土岐氏一族＝光秀氏」と謀反を示唆する内容とみられている。これらの〝匂わせ投稿〟を経て、光秀氏は本能寺へと兵を進めたのだろう。

光秀氏の匂わせ投稿に様々な憶測も……

信長氏「是非に及ばず」

一方で、腹心部下のまさかの謀反騒動に対して、当の信長氏の反応は冷静だったという。織田氏の関係者によれば、光秀氏が本能寺に到着したのは明け方で、信長氏は就寝中だったという。寺を包囲する軍勢が明智氏だということに信長氏の小姓衆が気づき信長氏に報告。それを聞いた信長氏は、慌てる様子もなく「是非に及ばず」とだけ話し、謀反を迎え撃つ準備を淡々と始めたという。その後、謀反は大きく報道され、テレビ各局が報道特別番組を放送、白い寝間着姿で矢を放つ信長氏の姿は記憶に新しい。また、ＳＮＳのトレンドでも「本能寺の変」「信長ヤバい」などのキーワードが長時間並び続ける事態となった。騒動の最中に本能寺は炎上、信長氏の生死についてはいまのところ確認されておらず、織田・明智の両陣営からも本能寺騒動に関するコメントはいまのところは発表されていない。

謎の「敦盛」の声、生存説も

専門家によれば光秀氏の謀反は成功し、信長氏は討たれたという見方が有力ではあるものの、ネットでは様々な憶測が書き込まれている。中でも最も憶測を呼んでいるのが、燃える本能寺の映像に収録されていた「敦盛《あつもり》」（＊）の音声だ。本能寺が炎上する映像はＹｏｕＴｕｂｅに多く投稿されているが、その中のいくつかには「不可解な音声」が記録されている。それは燃え盛る

＊【敦盛】幸若舞の曲目のひとつ。信長は、敦盛の中でも特に「人間五十年、下天の内をくらぶれば、夢幻の如くなり」の節を好んだとされていて、世間的にも知名度が高い。

本能寺の中から信長氏らしき人物による「敦盛」の声が聞こえる映像だ。「人間五十年、下天の内をくらぶれば、夢幻の如くなり」という歌声のようなものが聞こえる映像に、ネットでは「謀反を起こされた側がこんなに余裕があるのはおかしい」「信長、全然余裕で敦盛舞ってて草」「これは討たれたと見せかけたフェイク音声」などといった推測が寄せられ、信長氏の生存説まで飛び出している状況だ。（※取材日現在では信長氏の消息は正式発表されていません）

光秀氏は「三日だけ待って欲しい」

一方、謀反を起こした張本人である光秀氏は、安土城に入り信長氏に代わって天下統一を目指しているが、主君を討った謀反人に対して周囲の反応は冷ややかだ。光秀氏と親交が深い丹後の細川幽斎《ゆうさい》・忠興《ただおき》親子は、光秀氏の娘で忠興の正室である玉《たま》さんを幽閉したと発表。光秀氏との関係を絶つ姿勢を示している。小誌取材班は光秀氏への突撃取材を敢行したものの光秀氏陣営は取材を拒否。広報を通じて「謀反についてしっかりと説明したい。三日だけ待って欲しい」と光秀氏のコメントを発表している。今後、山崎の戦いなどを経て記者会見を開くものとみられている。

会見にも及び腰の光秀氏に対して、天下統一への期待感は薄いという声も多い。このままでは天下の夢も三日と持たず潰《つい》えてしまうのではないだろうか――。

徳川家康が激怒……直江兼続が送りつけた「直江状」が流出

「謀反の疑いをかけるのであれば証拠出してもらえます？」嫌味だらけの書状の中身

□登場人物

【直江兼続／なおえ かねつぐ】

上杉謙信に仕え、その後は上杉景勝に仕えた戦国武将。執政として上杉家を支え、検地などの内政面のほか、合戦でも手腕を振るった人物。ちなみに「直江状」は、兼続が実際に徳川家康宛に送った嫌味・煽《あお》りたっぷりの書状

天下統一に向けて存在感を増す五大老（＊）の筆頭・徳川家康に対して、会津・上杉家の家臣である直江兼続から送られた「ある書状」の中身が流出し物議を呼んでいる。書状の内容は、謀反の疑いをかけた家康氏に対して、兼続氏が反論しているというものだが、問題になっているのはその文面だ。兼続氏はこれでもかというほどの嫌味を込めた書きぶりで家康氏への返答をしたためており、これを読んだ家康氏が激怒しているというのだ。小誌取材班が入手した「直江状」の文面とともに詳細をお送りする。

＊【五大老】豊臣政権での職名のひとつ。徳川家康、前田利家、毛利輝元、宇喜多秀家、小早川隆景らが任じられた。五人グループなのでなんとなくアイドルグループ感がある。

きっかけは家康氏サイドからの手紙

この騒動のきっかけとなったのは家康氏サイドから上杉家に出された一通の書状だ。徳川方の関係者によれば当時、家康氏は越後領主である堀秀治《ほりひではる》氏から「上杉景勝が軍備を整えており、謀反の兆候《ちょうこう》がある」という報告を受けていた。家康氏はこの事実を確かめるために、景勝氏に対して上洛を勧告していたものの氏はそれに応じず、両氏の間には緊張が高まっていた。そんな折に、上杉家の重臣だったF氏（仮名）が出奔するという事件が起き、出奔したF氏が徳川方に対して「景勝は謀反の意をもっている」と改めて伝えたことで、さらに事態は深刻化していった。

このような状況の中、家康氏の依頼で臨済宗の僧・西笑承兌《さいしょうじょうたい》氏が景勝氏に対して上洛を勧める手紙をしたためたという。承兌氏は取材に対して「内容はお伝えできないが、手紙を送ったことは確かです」と事実関係を認めており、文面は「謀反の噂《うわさ》が流れているため上洛してほしい」という具体的な文面だったとみられている。

返答をしたためた直江兼続氏

この手紙に対して返答を書いたのが騒動の中心となった直江兼続氏だ。兼続氏は上杉謙信氏のもとでキャリアをスタートさせ、謙信氏の死後は景勝氏に仕えて活動を続けている上杉家の有力家臣の一人だ。名門である直江家を継いだ人物で、検地や軍事など内政外交と幅広く手腕を振るっている。歯に衣着せぬ発言をすることでも知られ、大きく「愛」とあしらった兜《かぶと》を被るなど奇抜なファッションもトレードマークとなり、ＳＮＳでは若い世代を中心に人気を集めている。その兼続氏が、家康氏への返答をしたためたわけである。小誌が関係者から入手した書状メールでは、家康氏に対する遠回しな嫌味や、ねちねちとした不平などがこれでもかと書き連ねられており、五大老筆頭へのメッセージとはおよそ思えない内容となっている。

メールは兼続氏自身が送りつけたとみられる

十六ヵ条のもの〝嫌味〟返答

「Subject：直江状」と件名に書かれた箇条書きの書状は、十六ヵ条にも及ぶボリュームとなっている。書状は「東国の噂についていて、家康様が不審に思っていることがまず残念です」という文言から始まり、「京都と伏見でも同じような騒ぎがよくあるので、心配になるのはわかるんですが、大丈夫なんでもうちょっと落ち着いてもらえますでしょうか」「上洛については国替えで対応に追われており、スケジュール的にも厳しいかと思われます。また上洛対応をしていると、会津を治める時間がなくなることはご理解いただけると思いますが」とチクリとした言葉が続いている。謀反の噂については「全くないかと思います。そのような噂や報告については、先にその報告者を呼び出して、理由・証拠を提示させる対応を実施いただけると大変助かります。（もちろんないとは思いますが）家康様側に裏があると思われないよう、諸々の懸念《けねん》の払拭《ふっしょく》をご対応いただきたいです」と否定だけでなく、家康氏を疑うような言いぶりだ。

また「前田利長さんの例もありますし」と、前田利家の死後、跡継ぎとなった前田利長に同じように謀反の疑いをかけ、圧力をかけた件を揶揄《やゆ》する言葉も記されている。合戦の準備への疑いも「武器を集めているとおっしゃられる件ですが、我々は田舎の武士なので、上方の武士の皆さんが茶器を集めているような感覚で、武器を集めているとご理解いただければと」とあしらっている。メールは交渉を行っている承兌氏宛に返信されているが、ccには家康氏のものと思われるメールアドレスも含まれているため、この内容を家康氏も直接目にしているとみられる。

家康氏が激怒？ 合戦への発展も

この書状を受け取った家康氏はやはり激怒したという。「こんなに失礼で無礼な書状はこれまで見たことがない、と怒り心頭でした（徳川方関係者）」

徳川方では幹部が集められ、上杉家への対応が協議され会津への派兵が決まったという。直江状の内容について、専門家や識者の間では「明らかな創作」「フェイクニュース」といった真偽の不確かさを問う声も聞かれるが、実際に家康氏が兵を動かしたことは事実だ。これにより徳川・上杉の両家だけではなく、全国の戦国大名を巻き込んだ大騒動に発展すると予想する専門家の意見もあり、兼続氏による「直江状騒動」はまだまだ波紋を広げていきそうだ――。

合戦場指定兵糧食品
合戦場のお腹に
芋がら縄
が効く。
栄養満点で合戦に勝てる！
炭水化物でエネルギー補給
合戦でも活躍できる。
味噌味だから美味しい！
縄から味噌が染み出して
どこでも美味しい。
軽いので持ち運びも自由！
縄なので軽くて持ち運びも
自由にできる。
芋がら縄は武将のための
優しい合戦健康食品です。
忙しい合戦場や長期に渡る籠城で、食事や兵糧に困ったことはありませんか？「芋がら縄」は長期保存ができて、合戦場でもすぐに食べられる戦国武将のための合戦健康食品です。全国各地の著名武将から絶賛の声が多く寄せられています。
武将リピート率堂々一位！
芋がら縄満足度調査
満足した: 8.5 (85%)
満足できなかった: 1 (10%)
その他: 0.5 (5%)
UP
武将満足度は85%を突破。
実際に芋がら縄を試した武将102人へのアンケート調査で85%が満足したと回答。幅広い武将から評価を受けています。
芋がら縄本舗
食べられる縄
検索
※その他の具材は付属品には含まれません。

肉親が告発「服の下に鎖帷子を着ないと怖くて会えない……」

宇喜多直家のサイコパスすぎる〝誅殺マニア〟の素顔

□登場人物

【宇喜多直家／うきた なおいえ】
中国地方で活躍した戦国武将。尼子経久《あまごつねひさ》や毛利元就《もうりもとなり》とともに中国地方の三大謀将に数えられている。浦上宗景《うらがみむねかげ》に仕えていたが、後に宗景を攻めて浦上氏を滅ぼした。多くの暗殺や裏切り行為で知られる冷酷な人物

備前地方を中心に活躍の幅を広げている戦国武将・宇喜多直家氏と言えば、このところ業界でも注目株となっている武将の一人だ。飛ぶ鳥を落とす勢いの直家氏だが、その信じられない〝裏の顔〟が肉親からの告発によって明らかになった。「会う時は服の下に鎖帷子《くさりかたびら》を着る」と涙ながらに語る肉親からの生々しい告発から、直家氏のありえない「誅殺《ちゅうさつ》マニア武将」としての本当の姿が見えてきた――。

没落した宇喜多家を再興

直家氏といえば波乱万丈なキャリアを積んできたことでも知られる人物だ。宇喜多興家《おきいえ》氏の長男として生まれた直家氏だが、祖父である宇喜多能家《よしいえ》氏は砥石城《といしじょう》落城の際に死去。父・興家氏とともに放浪の旅を続けてきた苦労人だ。その後、興家氏も死去するなど不幸が重なる中、備前の戦国武

将・浦上宗景氏に仕えて徐々に頭角を現していった。関係者は「当時から知略に長けた人物で、ギラついた目をしていた」と、直家氏の野心の片鱗《へんりん》を語る。そんな直家氏が地位を高めていくために行っていたのが「誅殺」なのだという。

直家氏のSNSには
八つ○村風の自撮り写真も……

親類も容赦なく誅殺する〝誅殺マニア〟

今回、直家氏の裏の顔を証言してくれたのは、直家氏とも距離の近い親族の一人・T家さんだ。T家さんによると直家氏はことあるごとに誅殺を繰り返しているという。「兄はとにかく誅殺しがちな人間でした。確実に兄に誅殺された人だけでもかなりの人数がいます。謎の死を遂げた人まで数えると相当な人数が誅殺されたのではないかと思います」。T家さんによれば直家氏の誅殺は、親類もお構いなしに対象になるのだという。「娘や姉妹などが養女になって、縁戚を結んだ人だったとしても、誅殺すると決めたら絶対に曲げないのが兄です。誅殺への執着心はマニアと呼びたくなるほどでした」。小誌取材班の調査によれば、N山勝政さん、S村盛実さん、U上久松丸さん、I賀久隆さんなどの死去は、直家氏の誅殺によるものだとみられている。また誅殺の手法についてもそのマニアぶりが浮き出ている。M村家親さん、U垣与右衛門さんの事例では火縄銃による誅殺が行われたとみられており、専門家も「非常にレアなケースで、直家氏の幅広い誅殺知識を裏付けるもの」と分析している。

「兄は何をたくらんでいるかわからない」

告発者のT家さんは「直家氏は腹黒く、何をたくらんでいるかわからない」と訴える。とある誅殺の時には「狩りの獲物と間違って誅殺してしまった」と暗殺に対して開き直りともとれる言い訳をしていたという、「親類への対応などを見ていると、たとえ弟と言えども全く安心できないのが実情です。兄と合う時は正直いつ誅殺されるかとビクビクしており、二人で会う時は服の下に鎖帷子《くさりかたびら》を着けています」と、直家氏への恐怖をT家さんは涙ながらに語ってくれた。

数々のお家を誅殺によって没落させてきた直家氏。このような所業が続くのであれば、備前の民だけでなく後世の世でも「梟《きょう》雄《ゆう》」として語られることは想像に難《かた》くない。直家氏の今後の動きにも注意が必要そうだ。

油断大敵…信頼する部下からのうっかり謀反を避けるための

謀反されやすい武将 チェックリスト

群雄割拠の戦国時代。うっかりすると部下から謀反を狙われることもしばしば…。戦国武将が日常生活で気をつけたい「謀反」の兆しについて、10のチェックリストで確認して、明日謀反を起こされないために日常生活を改善していきましょう。

- □ うつけ者と言われやすいタイプだ
- □ 部下の失敗を責めることが多い
- □ 自分は寺社仏閣を焼き討ちしがちだ
- □ 豪華なお城を建てることが好きだ
- □ 残虐と二人以上から言われたことがある
- □ 父親の葬儀で焼香の灰を投げつけたことがある
- □ 古いしきたりやルールは破るものだ
- □ 自分も下剋上でのし上がってきた
- □ 討ち取った敵を髑髏の盃にしたことがある
- □ 少数のお付きのみで行動することが多い

診断結果

○が0個 「謀反の心配はまったくなし！」

あなたは真面目で真摯な武将です。謀反の心配はないものの武将としては物足りない一面も…。

○が1〜3個「まだまだ謀反は起きない模様」

謀反の心配は当面なさそう。でも油断大敵！今から謀反の芽はしっかり摘んでおきましょう。

○が4〜6個「ちょっと心配？謀反予備軍」

ちょっと謀反の心配が出てきたかも。部下への言動を見直して謀反危険度を下げましょう。

○が7〜9個「謀反の危険が迫っているかも」

謀反レベルが高まっているので要注意！自分を狙っていそうな部下に対してしっかりケアを。

○が10個「逃げて！明日にも謀反される」今すぐ見直そう

いますぐ逃げて！謀反度マックスの危険状態。外には謀反人の軍勢が迫っているかも？！

●監修: 黒田官兵衛 戦国アカデミー研究所

戦国武将ご自慢のお城を
城主本人が案内！

ドキドキ☆レッツ

みんなのお城探訪！

第三十二回

真田信繁さん「真田丸」編

○登場人物

【真田信繁／さなだ のぶしげ】
信州は上田城主・真田昌幸の次男。真田幸村の名前でも知られている。豊臣秀吉に仕えて、関ヶ原の戦いでは西軍勢として参戦。関ヶ原に参戦する途上にあった徳川秀忠を阻止するなど活躍した。大坂の陣（＊）でも活躍。広く人気の武将

日々忙しく合戦を繰り広げる戦国武将の皆さんにとって、「お城」は安心できるマイホーム。日常生活だけでなく合戦や籠城など、あらゆるシーンで重要な役割を果たします。そんな武将の皆さんご自慢＆こだわりのお城を、城主自ら紹介する人気コーナー「ドキドキ☆レッツ　みんなのお城探訪！」今日は、真田昌幸さんの次男として活躍されている真田信繁（幸村）さんに、ご自身が築城された「真田丸」を案内してもらいました！　レッツお城探訪～！

信繁さんが「大坂で合戦があったので、それに際して築城しました」と紹介してくれた真田丸は、大坂城の南に築城されたお城。三方を平野川・大和川・淀川・東横堀川などに守られている形ですが、南側だけが手薄な状態。信繁さんによると「合戦になった時、南側が手薄になると思っていたので、ずっと築城したいと思っていた場所

＊【大坂の陣】徳川氏が豊臣氏を滅ぼした戦い。慶長19年（1614）の大坂冬の陣、翌年の大坂夏の陣と二度に渡って繰り広げられている。夏と冬と、なんとなく季節感のある合戦。

真田丸を前に信繁さんも思わず笑顔！

でした」と築城場所にもこだわりが。高低差が少ない場所に築城された真田丸は、出城《でじろ》・曲輪《くるわ》として合戦時には見張りや敵の奇襲を防ぐだけでなく、攻撃時の拠点にもなる万能ぶり。信繁さんのこだわりが随所にみられるお城です。

南北270メートル、東西280メートルのスペースに建てられた真田丸は、外側の三方向に空堀を完備しており、中央には水堀も完備。防御力に優れた設計になっています。巡らされた土塀には、随所に櫓《やぐら》も配置されており、安心安全の設計。鉄砲を集中運用するための工夫なども施されています。

築城デザインで名高い武田流築城術で施工。「実際に合戦になると、攻守どちらにも使い勝手の良い城になりました」と信繁さんも自信の一城。攻城戦でも最後まで奮戦してくれるお城だそう。「防御を目的とした城ですがそれだけでなく、突出部になった真田丸が、敵方の注意を引きつける役割も果たしています。それによって大坂城へのリスクの軽減にも繋がります」。なるほどそんな目的もあるのですね。

信繁さんのこだわりがつまった真田丸。大軍が攻めてきても最後まで奮闘してくれそうです！信繁さん、ご案内ありがとうございました。

（編集部お城取材班）

教えて山本勘助先生！

かんたん入門コラム

勘助の道鬼流兵法（＊1）！レッツ築城DIY教室

□登場人物

【山本勘助／やまもと かんすけ】
武田信玄に仕えたとされる軍師。武田氏が記した軍学書『甲陽軍鑑《こうようぐんかん》』には、隻眼《せきがん》で片足が不自由な人物として記されている。天才的な戦略家として活躍し、武田氏を支えたとされるが存在自体も諸説ある謎めいた人物。「山勘」の由来という説も

〈ペンネーム：名無しの二代目武将さんからの質問〉
勘助先生、初めまして。今度、初めて築城をする予定の者です。天守や石垣など自分の中で理想のイメージはあるのですが、初めての城はベーシックなものから始めたほうがいい、という重臣の意見もあり迷っています。初めての城造りで意識したほうがよいポイントなどがあれば教えてほしいです。
P.S. 勘助先生の啄木鳥《きつつき》戦法（＊2）のファンです！

まずは「籠城のしやすさ」から

今日もご質問ありがとうございます。啄木鳥戦法はリスクもあるので使う時は注意してくださいね（笑）。

さて、ご質問の「初めての城造り」のポイントについて話していきたいと思います。

＊1【道鬼流兵法】山本勘助の築城術の呼び名で、高い防御力を誇ったとされる築城方法。道鬼は勘助の出家後の法号のこと。中二的でカッコいい。

初めての城造りといえば、豪華な天守や立派な石垣、深い水堀など様々な施設を設置したくなるものですよね。

一方で、そういった派手な施設ばかりに目を向けていると、実際の合戦では使い勝手の悪い城になってしまうこともしばしば……。初めてのお城については、基本を押えた城から築城することをおすすめします。特に意識してほしいのは以下の2点です。

勘助'sポイント1
「籠城のしやすさ」

勘助'sポイント2
「攻められにくさ」

まずはこの2点をしっかりと意識して設計していくのがよいかと思います。元服したての武将の方や、初めて城を持たれる方は、合戦への参加回数も少なく、城攻め経験値の低い方が多いです。実際に城攻めなどを経験してみないと、城の良し悪しはなかなかわからないものですので、初めての城ではまずは「守り」を重視して築城していきましょう。

まず城の出入り口（虎口《こぐち》）は、人や馬の出入りを敵方に悟られないような工夫が必要です。馬出しには土手などを築いて目隠しを造りましょう。一ノ門、二ノ門もしっかりと設置して、三日月堀を張り巡らせていけば、防御力もワンランク向上します。まずはこのようなベーシックな城でしっかりと合戦を経験して、豪華な天守などの装飾については、いくつか城を持てるようになってから、徐々にカスタマイズしていきましょう！

それでは皆さま、良い築城DIYライフを！

*2【啄木鳥戦法】勘助の考案した戦法のひとつ。啄木鳥（きつつき）が虫を捕る動きと似たような用兵から付いた名。ただ実際にはこの戦法は不発に終わり、勘助も戦死している。

新連載！

服部半蔵のハウツー仕事術

第一回

鬼半蔵の徒然なるままに忍び暮らし

□登場人物

【服部半蔵／はっとり はんぞう】
徳川家康に仕えた人物。本名は服部正成《まさしげ》で半蔵は通称。伊賀者の棟梁《とうりょう》を務め、姉川の戦いや三方ヶ原の戦いでも活躍している。特に本能寺の変の際には、窮地《きゅうち》に陥《おちい》った家康を手引きし、三河まで送り届ける功績を上げている

服部半蔵こと服部正成による、忍び系男女のためのあらゆるハウツーが詰まった新連載！「鬼半蔵」の異名を持つ服部先生が暗殺のコツをわかりやすくお届けします。第一回目のテーマは「仕事に臨《のぞ》む心構え」です。

まず当連載の第一回目となる今回、始めに諸君に伝えておきたいことがある。それは私は忍者ではないということである。諸君らから応援や励ましの便りをもらうことがあり、ありがたいのであるが、その内容は大抵私を忍者の棟梁《とうりょう》だの、伝説の忍びだのと称《たた》えるものがほとんどである。私は伊《い》賀衆《がしゅう》や甲賀衆《こうがしゅう》を率いることが多いため、そ

のような勘違いが生じたものと思うが、改めて私は忍者ではない、ということをここに伝えたい。当連載はその前提での内容になるのでご了承いただきたい。

第一回目のテーマは「仕事に臨む心構え」である。私自身、忍者ではないと言ったものの、やはり近辺に忍びの者が多いので、必然的に仕事の進め方も心構えも忍びスタイルになることが多い。例えば、私は眠る時には床にむしろ（敷布団）を敷いて寝床をつくるが、そこでは眠らない。寝込みを襲われることを想定して、その寝床から少し離れたところで眠る。つまりただの床の上だ。そんなところで眠るのは辛くないか、眠りにくくないかと問われることがあるが、辛いし眠りにくい。なにせ床であるから。

また、私は羽織を着る時も敵に襲われた場合を想定して前の紐を結ばずに着ている。そうすればすぐに羽織を脱ぎ捨てて戦えるからだ。ただ羽織がバサバサして邪魔だし、行儀も悪いし紐がたまに口に入ってしまうこともあって大変不衛生だ。

ただそのような些末《さまつ》なことに気を取られては、忍びたちを率いることはできない。忍びたちはみな頬に床の跡が付いているし、羽織はだらしなく着ている。紐もちょっと濡れている。そういうものを受け入れる姿勢が、仕事に臨む時に持つべき心構えであると私は考える。次回は「私は手裏剣や小太刀のような忍びっぽい武器より、実は槍みたいな武器のほうが得意である」というテーマで語ろうと思う。皆、楽しみにしていて欲しい。

北条氏康の戦国マナー講座

第十五回

「正しい領主の汁かけご飯マナー」

○登場人物

【北条氏康／ほうじょう うじやす】後北条氏の三代目。上杉憲政、今川義元らとしばしば交戦。内政面でも力を発揮し、検地や税制改革を実施している。伊豆・相模《さがみ》・武《む》蔵《さし》・上野の4ヵ国を治めて、北条氏の全盛を築いた人物

相模国の戦国大名・北条氏康さんが戦国時代を生き抜くための戦国マナーをわかりやすく丁寧に教えてくれるこのコーナー。今回は「正しい領主になるための汁かけご飯のマナー」について勉強してみましょう。それではレッツ、HOJYO！

こんにちは、氏康です。暑い日が続いていますね。私の最近の健康法は、朝にお酒を飲むことです（寝る前に飲酒をすると深酒をしやすいので）。この健康法は部下にも好評ですので、皆さんぜひお試しあれ。さて今回は、暑い日にもさっぱり食べやすい「汁かけご飯」についてのマナーです。簡単に作れてさっと食べられるレシピだけに、マナーなんてあるの？　とお思いかもしれませんが、実はこの汁かけご飯には気を付けるポイン

トがあるのです。領民や家臣を率いる武将たるもの、知っておきたい汁かけご飯のマナーをご紹介します。

「二度がけは絶対NG！」

冷えたご飯に、味噌汁や醤油味のつゆをかけて食べる汁かけご飯ですが、ご飯に対する汁の量については「少なめ・八分目・ひたひた・たっぷり」など、いくつかの分量があります。これについては、お腹の減り具合や好みに応じて、適宜選択いただいて構いません。ただし、ここで気を付けなければならないポイントは、「一度で汁をかける」ということです。汁の量の判断は難しいポイントですが、一度食べ始めた後に、「やっぱり足りなかったな」と汁を足す行為は絶対にNG！ 戦国武将にとって非常によくない行為です。こういった二度がけについては、戦国武将に必要な家臣や領民の様々を推し量る器量がないと判断されることにつながります。嫡男の方の場合は、国を治める能力がないとみなされ「嫡男の代で我が家系も終わる」とまで言われる場合もあったりなかったり……。ですので汁かけご飯に汁をかける際は、「必ず一度でかける」を心がけてください。もしもご飯を食べている途中に「汁が足りないな……」となった場合も、家臣の手前我慢してご飯を食べきりましょう。そうすれば家督を継ぐ時も、安心してお家を任せてくれること間違いなし！

次回の北条氏康の戦国マナー講座は、「他人から蔑《さげす》まれないための知っておきたい麦飯ができるまで」です。お楽しみに。

料理研究家・伊達政宗先生の

兵糧クッキング「凍み豆腐」

●登場人物

【伊達政宗／だて　まさむね】「独眼竜《どくがんりゅう》」の呼び名で知られる戦国武将。家督を継いだ後、会津・陸奥《むつ》を平定。その後に豊臣秀吉に仕えて、文禄の役にも出陣。関ヶ原の戦いでは徳川方、仙台藩の基礎を固めた。料理にも興味を持ち、兵糧《ひょうろう》開発・美食探求など料理研究を進めた人物

料理大好き戦国武将・伊達政宗先生が送る戦国かんたん兵糧レシピシリーズ。今回の食材は政宗先生が自ら開発したオリジナルレシピ「凍《し》み豆腐」です。それではレッツ独眼竜！

◉材料：凍み豆腐（出羽国産がおすすめ）、水　◉調理時間：10分

ふっくら染み旨！合戦場で「かんたん凍み豆腐」レシピ

STEP 1

まずは合戦場で安全を確保しましょう。火縄銃や矢に狙われていないか、まわりに伏兵《ふくへい》がいないかをよく確認してから調理道具を準備しましょう。

STEP 2

次にお湯を用意しましょう。温度は約50度がオススメです。火を起こす時は、煙などでうっかり敵に見つかりやすいので注意してお湯を沸かしていきましょう。

※湿った木を使うと煙が出やすいので注意！

STEP 3

お湯が用意できたら、小さめの桶《おけ》などにお湯を注いで、続いて凍み豆腐を入れましょう。自分の食べたい分だけお湯に入れていきます。お湯の分量はちょうど豆腐が浮くくらいの量が目安です。

しっかりと水気を絞ることが政宗'sポイント!

STEP 4

お湯につけて7～8分程度経ったら、お湯を捨てて水気を絞りましょう。お湯で戻す間も、うっかり火縄銃や矢などに狙われていないか気を張っておきましょう。戻しすぎもNGなので、うたた寝をしないように注意！

STEP 5

お湯を替えて再び凍み豆腐を浸しましょう。これを根気よく2～3回繰り返して、最後は水気をしっかりと絞れば凍み豆腐の完成！たとえ敵兵が攻めてきても、豆腐の水気はしっかりと絞ることが、美味しい凍み豆腐にするためのポイントです。

これであっという間にかんたん凍み豆腐のできあがり。長持ちして合戦の間にもさっと食べられるとってもジューシーな一品です。芋がら縄などと合わせて食べるアレンジもオススメです。是非試してみてください！

来週は、みんな大好き！合戦で疲れた体に染み入る合戦スイーツ「手作りずんだ餅」レシピです。乞うご期待！

講師・伊達政宗

【おまけ】

今週の政宗先生の名言！

「馳走とは旬の品をさり気なく出し、主人自ら調理してもてなすことである」

天下人インタビュー

No. 14

「草履を温めることで
心も温める」

草履取りから
天下人になった
秀吉さんが語る
「天下人になる
ための心構え」
とは

□登場人物
【豊臣秀吉／とよとみ ひでよし】
織田信長の足軽となり、その才能で功を立てて徐々に重用されていく。毛利氏攻めの最中に本能寺の変が起こり、山崎の戦いで明智光秀を破る。その後、全国を統一し天下人となった立身出世の人

草履取りの身分から出世を重ね、ついには天下人に――。

刀狩り、太閤検地《たいこうけんち》など様々な施策を打ち出し、天下人として日々新しい価値を創出し続ける豊臣秀吉さん。貧しい農民の出身から武将を目指してキャリアを重ね、天下人にまで上り詰めた秀吉さんに、天下人ビジネスに携わる上での心構えや、立身《りっしん》出世《しゅっせ》のために必要なことなどを伺いました。

草履取りからの出世秘話

秀吉さんのキャリアは武家への奉公を目指し、遠江《とおとうみ》の松下之綱《ゆきつな》さんに仕えることからスタートしました。「当時は右も左もわからない素人同然の状態だったので、何もかもがむしゃらにやっていましたね」。そう語る秀吉さんは、松下さんのもとで経験を積んでいきます。

天文23年（1554）、秀吉さん18歳の時に転機が訪れます。後の恩師となる織田信長さんとの出会いです。出会いについて「初めて御館様《おやかたさま》（織田信長）とお会いした時、ビビビッと電流が走りましたね（笑）。ついていくならこの人しかいない、と直感的に感じました」と、ひと目会ったその瞬間から運命的な何かを感じたと言います。「最初は緊張していたのですが、『猿』っていうあだ名を付けてくれて、目をかけてくれました」

一方で、秀吉さん自身も信長さんの目にとまろうとする積極的なアクションを心がけていたと言います。「当時は草履取りをやっていたのですが、流石にそれだけだと御館様の目にとまらないので、いろんなアイデアを考えて実践していましたね。その中で、冬の寒い日に草履を懐《ふところ》で温めるアイデアを思いついてやってみたんです。その結果、御館様からすごく評価されて、それがきっかけになっていろんな場面で登用されるようになりました」。

　そんな努力が実り、家臣団の中で徐々に頭角を現し始めた秀吉さん。活躍の場が増える一方で、信長さんからの高い要求に苦労する場面も多かったと言います。

インタビューの場でも懐から草履を取り出すユーモアたっぷりの秀吉さん

一夜城も「無理と言わない」

　秀吉さんのキャリアの中で有名なプロジェクトが「墨俣《すのまた》築城プロジェクト」です。これは国境にある墨俣の地に、美濃攻略の拠点として築城が計画されたもので、プロジェクトリーダーを務めたのが秀吉さん。「御館様から築城を命じられて担当したのですが、最初は簡単な築城だと思っていて。城の仕様自体はシンプルなものだったので、通常通りのスケジュールで完成できると見積もっていました。ただ、御館様が指定した納期を見た途端、腰を抜かしました」。この墨俣築城プロジェクトで、信長さんが指定した納期はなんと「一夜」。一晩で城を造り上げるというものだったのです。

「一夜で城を造るなんて聞いたことがなかったです。石垣やら城門やらを考えると、とても一夜での築城なんて不可能なのですが、無理と言わないことが私のモットーなので、やるしかないと思いましたね」。築城に着手した秀吉さんは各方面の調整に全力で奔走、見事に一夜にして墨俣城を完成させ、敵味方の両陣営から称賛を集めました。「このプロジェクトの成功が御館様の耳にも届き、上洛後は『京都の奉行』という役割へステップアップすることができました。プロジェクトで結果を出せばしっかりと評価につながるのが、織田陣営のいいところだと思います」。その後、備中高松城の水攻め、信長さんが亡くなった本能寺の変を経て、秀吉さんはついに天下人に上り詰めました。

ホトトギスは「鳴かせるもの」

ここまでの大成功を収めた秀吉さんの「出世の秘訣」は何だったのでしょうか。「どんな時も全力を出し切ることが大切かなと思います。本能寺の変の後に、大急ぎで中国地方から戻った時も、一泊してから帰ろうかな、寄り道してから戻ろうかな、といった考えもよぎりましたが、まずは自分にできる最大限として、全力で戻ることに注力しました。そのおかげで御館様の弔《とむら》い合戦に勝つことができ、いまの天下人につながっていると感じます」

「また難題にぶつかった時も、諦めずに創意工夫を続けることがとても大切だと思います。鳴かないホトトギスがいたら、待っていてもだめですし、殺してしまうのもだめ。なんとか鳴かせるために、あの手この手をつくすことが、必要ではないでしょうか」

取材・文　豊臣秀長

集え、明日の天下人——
ASHIKAGA SCHOOL
OPEN CAMPUS
足利学校
オープンキャンパス
天正18年度
事前予約不要
ホトトギスを鳴かす君へ—

8.6 土曜日 10:00▶15:00 | **8.7** 日曜日 10:00▶16:00

学部・専攻コース

三註学部・四書学部・六経学部・列子学部・荘子学部・史記学部・文選学部

●卒業後の仕官状況の説明会開催(両日)●学費(完全無料)質問コーナー
●僧籍体験コーナー●薬草園カフェで野菜プレゼント●模擬授業(儒学)

短気？ モラハラ？ 妻のほうを見た庭師を手打ちに……

細川忠興のありえない「束縛」毒夫武将の裏側

□登場人物

【細川忠興／ほそかわ ただおき】
細川幽斎の長男。織田信長に仕えて明智光秀の娘・ガラシャを妻に迎える。本能寺の変の後は豊臣秀吉、徳川家康に従っている。文芸に通じ、茶の湯では千利休の門下で利休七哲の一人に数えられている武将

【細川ガラシャ／ほそかわ がらしゃ】
明智光秀の娘。本名は玉《たま》。キリスト教の洗礼を受けてガラシャと名乗る。光秀が本能寺の変を起こした際には、忠興から離縁されているが、その後徳川家康のとりなしで復縁している

早くから織田信長氏に仕え、信長氏の嫡子である信忠氏より一字をもらい受けるなど、織田家から厚い信頼を受ける戦国武将・細川忠興氏にとある疑惑が浮上している。妻・細川ガラシャ氏との戦国有名人カップルとしても有名な忠興氏が、私生活ではモラハラ・束縛三昧の日々を送っているのだという。合戦で数々の手柄をあげ、夫婦の仲睦《なかむつ》まじい姿がSNSでも人気を集めている有名武将の「ありえない束縛生活」を、本人への突撃インタビューと関係者への取材を交えてお送りする。

周囲からも評判の武将、利休七哲としても活躍

＊1【細川幽斎】本名は藤孝。足利義昭・織田信長・豊臣秀吉・徳川家康らに仕えた武将で文武両道の超エリート。路上で暴れ牛の角をつかんで投げ飛ばしたという逸話も。無茶するな。

細川幽斎《ゆうさい》（＊1）の長男として生まれた忠興氏は、織田家に仕官し雑賀衆《さいかしゅう》（＊2）との合戦や松永久秀氏との合戦などで武功をあげ頭角を現してきた人物だ。周囲からの評価も高く、特に久秀氏との合戦では、信長氏が自筆の書状を送り忠興氏を称賛するなど、評価を得ている。その後、明智光秀氏の与力職《よりきしょく》に抜擢。さらに活躍の幅を広げて、光秀氏が推し進めていた「丹波平定プロジェクト」では、忠興氏の働きが大きく寄与したとされている。

芸能方面にも非常に造詣《ぞうけい》が深く、特にお茶界隈での活動も有名だ。茶聖・千利休氏が主催するサロンでトップ七名のみが選ばれる利休七哲メンバーとして登録されており、茶の湯プロフェッショナルとしても知られている。そんな武芸と教養を身に付けたエリート武将と評される忠興氏だが、今回「モラハラ・束縛疑惑」が突如として浮上したことで、織田家周辺にも動揺が走っているという。

本誌取材班がスクープ撮影した刀を振るう忠興氏

＊2【雑賀衆】紀伊国雑賀を中心に活動していた鉄砲などを扱う傭兵集団。石山合戦などで信長を苦しめた。雑賀衆のリーダー雑賀孫市も有名。ちなみに本名は鈴木孫市。シンプルな名字。

庭師を手打ち？（＊3）
超束縛生活

忠興氏の束縛については、以前から様々な噂が流れているが、最も過激な噂が「庭師手打ち事件」だ。忠興氏に近い人物によると、この事件は忠興氏と妻のガラシャさんが庭先で食事をしている時に起きたという。「お二人の食事は和やかに進んでいました。庭師が何人か庭で手入れをしており、忠興さんが声をかけて労《ねぎら》うなどしていました（庭師関係者）」

そんな和やかな場が一変したのは、忠興氏がある庭師の視線について注意したことからだという。「突然、忠興氏が一人の庭師に対して『何を見ているのだ』と大きな声を出したのです。庭師も困惑していたのですが、忠興氏はその庭師が『ガラシャに見とれていた』と言い、怒鳴り続けていました。私からみても特にそんな素振りはなかったので、難癖《なんくせ》をつけているようなレベルでした……」。周りの部下が落ち着かせようとしたものの忠興氏はさらに激昂し、最終的にはその庭師を手打ちにしたという。「手打ちには本当に驚きました。我々は奥に下げられたのですが、忠興氏が刀を振り回す姿を見た同僚の中には、ショックで退職する人もいました」。乱心とも思えるほどの束縛ぶりは、およそ民を率いる領主とは思えない状態だったという。

＊3【手打ち】武士が、家臣や民などを自分の手で斬り殺す行為のこと。手討ちとも書く。こんな時代に生まれなくてよかったと感じる戦国時代のブラックすぎる一面。

「俺は側室を五人持つぞ」のトンデモ宣言

忠興氏のガラシャさんに対する束縛についてはさらなる証言もある。ガラシャさんといえば洗礼（＊4）を受けたことでも有名で、キリシタンとしての活動も行っている。しかし関係者によれば、忠興氏はガラシャさんが洗礼を受けた際にもトラブルを起こしていたという。「忠興さんは当時、九州征伐に従事しており家庭のことは顧《かえり》みていなかったようでした。ようやく九州から戻ると、ガラシャさんが自分の判断で洗礼を受けており、忠興さんは激怒したと聞いています（細川氏関係者）」。忠興氏はガラシャさんにキリスト教を棄《す》てるように迫《せま》ったとみられるが、ガラシャさんはこれを頑《かたく》なに拒否。忠興氏はそれに対して「そんなことを言うなら、俺は側室を五人持つぞ」と宣言したという。「ガラシャさんの気を惹《ひ》こうと宣言したのだと思いますが、ガラシャさんは全く相手にしなかったですね。むしろその一件が原因で、二人の溝が広がったようにも思います」。過激束縛にトンデモ宣言と、忠興氏の毒夫《どくおっと》ぶりに周囲からも呆れ声が聞かれていた。

「鬼の女房には、私のような蛇がお似合い」

一方、そんな忠興氏に対して、ガラシャさんはこれまでどんな対応をしているのだ

＊4【洗礼】キリスト教において信者となるための儀式。ガラシャが洗礼を受けた当時はバテレン追放令なども出されており、ガラシャは自宅で密かに洗礼を受けたとも。覚悟が凄い。

ろうか。前述の庭師が忠興氏から手打ちにあった際には、返り血がガラシャさんの着物に飛び、さらに忠興氏が血の付いた刀をガラシャさんの着物で拭《ぬぐ》った、というトンデモない証言も一部では飛び出している。

小誌取材班によると、これに対してガラシャさんは冷静に佇《たたず》み、眉一つ動かさずにいたという。これに忠興氏は「ガラシャは蛇のような女」と揶揄《やゆ》したと言うが、ガラシャさんは「あなたのような鬼の妻を務めるには、蛇くらいで丁度良いし、お似合いだと思いますよ」と返したという。当時のガラシャさんのSNSには、染みの付いた着物の写真に「私は蛇だから気にしない」という言葉を添えた意味深な投稿もされており、まさにこの騒動についての投稿とみられている。それ以外にも、ガラシャさんの父・光秀氏が謀反を起こした際には「夫から父の件で幽閉されています」というツイートをし波紋を広げたこともあり、SNSではガラシャさんが全般的にイニシアチブを取っているように思われる。

「蛇くらいで丁度良い」とガラシャさん

残忍すぎる手法に身内から批判も

忠興氏の過激すぎる対応については、細川家の内部からも批判の声があがっている。対外的には品行方正な武将として見られることが多い忠興氏だが、細川家の関係者は「情け容赦ないタイプの上司です。とくに失敗については二度目までは許されますが、三度目をやってしまうとその場で斬られます」と忠興氏の現場での振る舞いについて証言している。忠興氏がこれまでに手打ちにした家臣は三十六名にも及ぶとみられている（小誌取材班調査）。手打ちの際に使用したとされる忠興氏の刀については、三十六《さんじゅうろっ》歌仙《かせん》になぞらえて「歌仙兼定《かせんかねさだ》」（＊5）と呼ばれるなど、まるでホラーのような噂も囁《ささや》かれている状況だ。ネットでは、細川家の家臣関係者とみられる匿名《とくめい》SNSアカウントが「忠興は天下一気が短い人」と投稿しているほか、辛口武将批評で知られるルイス・フロイス宣教師も、忠興氏を「残酷で悪辣《あくらつ》な異教徒」と評しており、忠興氏へのネガティブな評価も少なくない。

真面目で爽やかな青年武将……そんなイメージを持たれている忠興氏がひた隠す裏の顔が、白日の下に晒《さら》される日もそう遠くないのかもしれない――。

＊5【歌仙兼定】三十六歌仙は平安時代に選ばれた36人の優れた歌人。忠興が手打ちにした人数が36人だったので、三十六歌仙と同じ数字で「歌仙兼定」と。なんともサイコな命名。

「塩賄賂」疑惑が急浮上……越後の軍神・上杉謙信がライバル武将に塩を送っていた

伝説の川中島の合戦にも疑惑の目、「五度も戦うのは不自然」の声も

□登場人物

【上杉謙信／うえすぎ けんしん】
越後の戦国武将。守護代・長尾為景《ながおためかげ》の子。上杉憲政《のりまさ》から上杉姓と関東管領職を譲られ上杉輝虎《てるとら》と名乗り、入道後は謙信と称している。武田信玄のライバルとしても知られ、川中島の合戦を繰り広げる

越後地方を中心に活躍する人気武将・上杉謙信氏に「賄賂《わいろ》」疑惑が持ち上がった。終生のライバルとして知られ、幾度も合戦を繰り広げてきた甲斐の武田信玄氏に「塩」を密かに送っていたというのだ。敵である武将に塩を送るという行為に、周辺では批判の声があがっているという。また、賄賂疑惑だけでなく伝説と言われた合戦「川中島合戦」についても、八百長《やおちょう》疑惑が持ち上がっている。軍神と呼ばれ毘沙門天《びしゃもんてん》の化身《けしん》とも称される著名武将に持ち上がった賄賂疑惑について、詳細をお送りする。

＊1【守護代】鎌倉から室町時代に守護の職務を代行した役人。鎌倉時代の守護は任地に赴任しないことが多かったため、代わり役人（代官）として置かれた。現代で言う部長代理。

スクープ 11

「軍神」と称される人気の武将

謙信氏から信玄氏に渡ったとみられる闇塩

謙信氏は、越後の守護代（＊1）を務めた長尾為景の子として生まれた。家督を継いだ兄・晴景《はるかげ》氏と徐々に対立し、その座を奪い春日《かすが》山《やま》城主となっている。関東管領（＊2）である上杉憲政の養子となったあと、山内上杉氏の家督を継ぎ「上杉」に改名、上杉氏が世襲していた重職・関東管領のポジションも引き継いでいる。謙信氏は合戦上手として知られており、自身で運営する合戦動画チャンネルの登録者数は300万人を超え、「軍神の合戦場実況」「越後の龍 ぶらり城下町の旅」などの人気企画を数多く配信している。「毘沙門天ステッカー」を貼った騎馬も町中で多く見られ、入道後からトレードマークとなっている坊主頭を真似する若者も多い。

武田信玄氏とライバル関係で話題に

特に謙信氏の人気を高めるきっかけと

＊2【関東管領】室町幕府の役職の一つ。関東の政治を総管するために鎌倉に置かれた役割で、代々上杉氏が世襲した。権力争いの中で関東管領を自称する者もいた。ニセ関東管領にご注意を！

なったのが、武田信玄氏との「川中島の合戦」である。信玄氏による北信濃侵攻などをきっかけに始まった川中島の合戦は、天文22年（1553）から永禄7年（1564）の12年間という長きに渡って開催されており、第五戦まで続いた人気の合戦シリーズだ。謙信氏と信玄氏の実力が拮抗《きっこう》していたため勝負の行方は最後までもつれ、第五戦終了後も双方が勝利を主張しており、現在も論争が巻き起こっているほどだ。信玄氏が「上杉敗れたり、川中島はわが手中にあり」とSNSで投稿すれば、謙信氏も「ご苦労のおかげで凶徒（武田軍の意）を多数討ち取り、本望を達した」と動画を投稿するなど、やりとりは双方のファンを巻き込んで一大ムーブメントとなっている。川中島を戦国時代最高の合戦シリーズと評する声も多い。しかし「越後の龍」「甲斐の虎」と称される二人のライバル関係に、「賄賂行為」があったという疑惑がいま持ち上がっているのだ。

「塩留め」実施中の信玄氏に塩賄賂か

ことの発端は、信玄氏が直面していた「塩留め」だ。信玄氏の領地は内陸にあるため、同盟国である駿河《するが》を経由して塩などを輸入していたのだが、信玄氏の東海地方への進出にともない駿河・今川氏との同盟を信玄氏が破棄。これに反発した今川氏真《うじざね》が、縁戚関係にある北条氏康《ほうじょううじやす》の協力を得て、「武田信玄氏の領内に塩を輸送することを禁止する」という強硬手段に出たことは記憶に新しい。

この一件は大きく報道され、塩不足による武田氏への影響を懸念する声が多くあがっていた。そんな最中に、信玄氏に対してライバル関係にあるはずの謙信氏が「塩を送る」という行為に及んだという。

上杉家関係者は「信玄氏を心配したというよりは、武田家の領民を心配しての謙信氏の行為だったと思いますが、二人の関係を鑑《かんが》みると賄賂と言われても反論できないような塩だと思います。謙信氏もそれは理解した上で塩を送ったのだと思いますが……」と話す。賄賂に当たるという認識は謙信氏自身にもあり、意図的な行動だったとみられている。この〝敵に塩を送る〟行為については、ネット上でも「賄賂送ってたのかよ、しょっぱすぎ」「これは諺《ことわざ》になるレベルの賄賂」など、批判の声が多数寄せられている。

信玄氏からも返礼？「塩留めの太刀」の画像も

この一件について、上杉家・武田家の双方からコメントは出されていない状況だが、一連の動きの中で、信玄氏によってSNSに投稿された一枚の写真も物議を呼んでいる。それは塩賄賂の前後とみられる時期に投稿されたもので、写真には一振りの高級太刀が収められている。信玄氏は投稿に「これは塩留めの太刀と名付けました。大切にします。#Thank_you_dragon」とコメントを添えており、塩留めの太刀という言葉から、前述の謙信氏による塩賄賂を匂わせるような内容となっている。またハッシュタグの「dragon=龍」も「越後の龍」謙信氏の存在をうかがわせるようなものになっている。現在この投稿は削除されているが、賄賂の見返りとして送られた品であるという見方が大勢を占めている。

刀の前でピースサインをみせる信玄氏

今川氏真、北条氏康も怒り「武将モラルに反する行為」

この疑惑について、塩留めを実施していた今川氏真氏、北条氏康氏の両名は怒り心頭だ。小誌の取材に対して氏真氏は「ありえない行為。信頼関係の中で実施していた塩留めプロジェクトだが、こういった行為がなされると、今後の関係を見直さざるを得ない」とコメント。また北条氏の広報は「現在、事実関係を確認中だが、事実であれば誠に遺憾《いかん》。しっかりと調査を進めて判断していきたい」と事実関係を明らかにする動きを強めることを表明している。武田・上杉のライバル関係を信頼していた周辺武将への影響は、まだまだ収まりを見せない状況だ。

川中島の合戦にも疑惑の目……

このような状況の中、信玄氏・謙信氏のこれまでの実績に対しても、疑惑の目が向けられ始めている。二人が有名になったきっかけである「川中島の合戦」について、第五戦にまでもつれた状況に「そもそも合戦が五回も続くって天文学的な確率では？」「示し合わせないと五回も戦わないよね」といった声や、最大の戦闘となった第四戦については、「濃霧で本隊同士が出くわして激戦になったって言うけど、もしかして霧もフェイク？」といった声まで飛び出している。川中島の合戦で最も有名なシーンとしてあげられる、謙信氏が信玄氏の本陣に切り込んだ「一騎打ちシーン」についても「合成では？」「明らかに後世の創作案件」といった指摘がなされている。

このような批判的な声があがる中で、信玄氏、謙信氏の両陣営からのコメントは今現在も出されておらず、小誌の取材に対しても「担当武将が不在のため回答できない」といった返答のみがなされている状況だ。日本一有名なライバル同士に持ち上がった賄賂疑惑。小誌ではこの疑惑を今後も引き続き徹底追及していく。

薄濃を酒の肴にするような輩に天下統一は絶対に無理

織田家臣団が静まり返った佐々成政の痛烈苦言の舞台裏

□登場人物

【佐々成政／さっさ なりまさ】
尾張の戦国武将。織田信長に仕えて、朝倉義景の追討や本願寺の一向一揆の鎮圧などで功績を上げる。小牧・長久手の戦いでは徳川家康に応じたが、後に豊臣秀吉に仕えている。信長に諫言《かんげん》するなど豪胆で実直な人物

天下統一に向けて勢いを増す織田信長氏。彼が率いるチーム織田の中でも信義を重んじる姿勢で人気を集めているのが佐々成政氏だ。しかしその成政氏が信長氏に対して「苦言」を呈しているという情報を小誌取材班はキャッチした。チームワークで知られる織田軍団の中で起きた不協和音の詳細をお伝えする。

黒母衣衆のリーダーを務める佐々成政氏

成政氏は天文8年（1539）に、佐々成宗《なりむね》の三男として尾張国比良城《ひらじょう》に生まれた。早くから信長氏に仕え、合戦に参加し徐々に頭角を現していく。着実にキャリアを重ねる中、成政氏の知名度を一気に高めたのが、小姓や馬廻りから信長氏が選抜・プロデュースしたグループ「赤母衣衆《あかほろしゅう》・黒母衣衆」のメンバーに選抜されたことだ。特に成政氏は馬廻りメンバーから選抜され

た「黒母衣衆」のリーダーに任命され、一気に知名度と人気を高めることになる。

織田軍団の「鉄砲隊」は成政氏がプロデュース

また、成政氏は「鉄砲隊」メンバーの育成・運営などのプロデュースを担ってきたことでも知られている。近年、合戦場で大きなムーブメントを巻き起こしている鉄砲隊だが、その活躍は成政氏の力によるところが大きく、氏がいなければ今日の織田家の躍進《やくしん》はなかったとまで言われている。実際に、元亀元年（1570）に八相山《はっそうざん》で開催された退き口ステージでは、少数の馬《うま》廻衆《まわりしゅう》を率いた成政氏が、鉄砲隊を全面に押し出したパフォーマンスを披露し大きな結果を残している。そんな内外から高い評価を得ている成政氏が、突如として信長氏本人に痛烈な苦言を呈したという。その理由は一体何なのだろうか？

正月の飲み会での騒動

件《くだん》の騒動は織田家の飲み会現場で起きたという。織田家関係者によれば、正月の飲み会は毎年恒例で、京都などから関係大名が信長氏を訪れて行われる一次会、その後に織田家の関係者のみで行われる二次会の構成になっている。トラブルが起きたのは、身内だけが参加する二次会だった。

「最初は和やかな雰囲気で二次会が進んでいました。気心の知れたメンバーだけが参加しており、信長氏も終始上機嫌で和やかに会は進行していました（織田家関係者）」。和やかな飲み会の空気が一変したのは、信長氏があるものを披露してからだという。「宴が中盤に差し掛かった頃、信長氏が見せたいものがあると手を叩きました。奥から3つの箱が仰々《ぎょうぎょう》しく会場に運ばれてきて、信長氏が箱を開けると中には金色の髑髏《どくろ》が入っていたのです」。信長氏が披露した髑髏は、漆をぬり金箔を施した「薄《はく》濃《だみ》」だったという。慄《おのの》く家臣団を尻目に信長氏は「これは浅井《あざい》久政《ひさまさ》・長政《ながまさ》父子と朝倉《あさくら》義景《よしかげ》の薄濃である」と言い放ったという。「家臣団全員がドン引きしていました。静まり返る場で信長氏だけが一人笑っており、異様な雰囲気になっていました（同関係者）」。そんな空気を破ったのが成政氏の怒鳴り声だったという。

飲み会現場で一触即発の
信長氏（左）と成政氏（右）

「天下統一は絶対に無理」の大暴言

成政氏は突然立ち上がり「人の道に外れるようなことをしていては、天下なんて治められない」と信長氏に詰め寄ったという。周りの家臣が止めに入るも成政氏はさらにヒートアップ。「中国の『後漢書』をお読みになったことがありますか。あれを読むとわかると思うが、薄濃を酒の肴《さかな》にするような輩《やから》には、天下統一は絶対に無理だ」と矢《や》継《つ》ぎ早《ばや》に言い放ったという。この発言に家臣たちは顔面蒼白《がんめんそうはく》となり、「殿に暴言を吐いてひどい目にあってきた武将を何人も知っているので、成政さんの発言で全員が〝終わった〟と感じていました（同関係者）」と静まり返ったという。

　ところがそんな大暴言に対して、信長氏は意外なリアクションをしたという。「信長氏は成政氏の発言を聞き、ゆっくりとうなずき『誠に天晴《あっぱれ》！』と言い放って、笑顔で飲み会の場を去っていきました。おそらく成政氏の信義や男気を評しての発言だったと思うのですが、家臣メンバーは訳がわからず呆然としていました」。当の成政氏も、鼻息を荒くしながら飲み会現場から出ていき、会はその場でお開きとなった。その後の信長氏と成政氏は、以前と変わらず付き合っているというが、部下たちには不安が残ったままだ。

　成政氏の一本気な思いが信長氏の心を動かした一方で、信長氏自身のリーダーとしての資質が問われたとも言える騒動。このような部下に対する傍若無人《ぼうじゃくぶじん》ぶりが続くようであれば、いつか謀反《むほん》される日もそう遠くないと思われる。

独占

小早川秀秋が関ヶ原の合戦で見せた〝仰天の裏切り行為〟の真相

「秀秋は人面獣心……、絶対に祟ってやる」大谷吉継が怒りの告発

□登場人物

【小早川秀秋／こばやかわ ひであき】
豊臣秀吉の養子。秀吉に実子・秀頼が誕生した後、小早川隆景の養子となる。隆景が隠居した後には小早川氏を継ぎ、慶長の役などに参戦。関ヶ原の合戦では秀秋が西軍から東軍に寝返ったことが要因となり勝敗が決まった

【大谷吉継／おおたに よしつぐ】
豊臣秀吉に仕えた戦国武将。関ヶ原の合戦では西軍に属していたが、秀秋の裏切りがあった際には、吉継の隊が攻撃を受けている。それがきっかけとなり内応《ないおう》が続出、最後には自刃に追い込まれている

世間の注目が関ヶ原の合戦に集まる中、小誌編集部宛にある人物を告発する連絡が届いた。告発されたのは、まさにその関ヶ原で活動中の武将・小早川秀秋、その人だ。そしてその秀秋氏を告発する書状を送ってきたのも、同じく関ヶ原に参戦中の武将・大谷吉継。関ヶ原という華々しい舞台で活躍している期待の両武将だが、大谷氏の訴えによれば秀秋氏が関ヶ原において「裏切り行為」に及んでいるというのだ。天下分け目の決戦の裏側で繰り広げられる「仰天の裏切り行為」を、大谷氏の怒りの告発とともにお伝えする。

小早川家の跡継ぎ、慶長の役ではトラブルも

秀秋氏に噂されるトラブルの数々

今回告発された秀秋氏は、かの豊臣秀吉の妻である高台院（ねね）の兄・木下家定の五男として生まれた人物だ。その後、小早川隆景の養子となり小早川家を継いでいる。

筑前・筑後を中心に活動している秀秋氏だが、注目が集まったのは慶長の役だ。総大将として参加していた秀秋氏は、合戦の最中に敵陣に総大将自ら突入するというトラブルを起こしている。豊臣家からも氏の行動について「軽率な振るまいがあった」と声明が出される事態となり、秀秋氏は帰国後、越前北庄の十五万石に減封《げんぽう》されるという処分を受けている。このように過去にも問題行為を起こしている秀秋氏が、関ヶ原では「敵陣営に寝返る」というありえないトラブルを起こしたというのだ。

西軍から東軍に急遽寝返り

告発者の大谷氏によれば、秀秋氏は関ヶ原に西軍メンバーとして参加していたという。秀秋氏は当日は一万五千の兵を率いて松尾山に陣を張り合戦開始後は目立った動きがなかったという。大谷氏は「秀秋の陣に動きがなかったので不審に感じていましたが、天下分け目の決戦で私も忙しかったので、開戦後は秀秋氏のことをすっかり忘れていました」と話す。しかし合戦が進む中、秀秋氏は突如として松尾山を駆け降り、大谷氏の陣に攻めかかったという。「突然の寝返りにとても驚きました。私の軍勢はそれほど多くなかったので、その場をなんとか食い止めるので精一杯でした」。少数ながらも小早川勢に対抗する大谷氏だったが、その後、秀秋氏の裏切りにつられて周辺武将も連鎖的に離反し、さらなる窮地に立たされたという。「本当に悔しいの一言です。そもそもこの合戦について、

現在、敵勢に囲まれているという大谷氏

私は三成陣営に勝機がないと思っており合戦自体を止めたかったのですが、三成さんの熱意に負けて参戦することになった経緯があります。それがまさかこんなことになるなんて……」と悔しさをにじませた。

家康氏が鉄砲で強迫？事前調略の噂も

秀秋氏の裏切り行為の理由について、いまのところ詳細な理由はわかっていない。秀秋氏の周辺では今回の「裏切り行為」に関連するとみられる〝事件〟も報告されている。関ヶ原関係者によれば、松尾山に陣取って静観していた秀秋氏に対して、東軍代表・徳川家康氏の陣営から鉄砲が撃ち込まれたというのだ。「合戦の最中でかなり混乱していたのですが、家康氏の陣営から松尾山の方向に何発かの火縄銃が放たれました。最初は誤射かな？と思っていたのですが、それに呼応するように秀秋氏が松尾山から駆け降りてきたので、銃撃は脅《おど》しだったのだな、と合点《がてん》がいきました（関ヶ原関係者）」。実際に銃撃があったのかは未確認だが、家康氏の陣営から何らかの圧力があったことは間違いなさそうだ。また合戦前にも、東軍陣営・黒田長政氏が数回に渡って秀秋氏のもとを訪ねていたことも確認されており、東軍への裏切りを依頼するなんらかの調略《ちょうりゃく》行為があったとみられている。秀秋氏の不穏な動きに対して、西軍陣営は「裏切り行為を抑止するために関白のポストや加増など、インセンティブを用意していた（大谷氏）」と、両陣営が秀秋氏にアプローチしていたことが確認されている。

「人面獣心なり。三年の間に必ずや祟りをなさん」

そんな秀秋氏の裏切り行為によって窮地に立たされている大谷氏だが、現在は秀秋氏の部隊のほか、秀秋氏の離反から連鎖的に裏切った脇坂安治《わきさかやすはる》・朽木元綱《くつきもとつな》・小川祐《おがわすけ》忠《ただ》・赤座直保《あかぎなおやす》の部隊によって包囲されており、厳しい戦いを強いられているという。

「正直、とても厳しい状況です。平塚為広《ひらつかためひろ》さん、戸田勝成《とだかつしげ》さんが一緒に戦ってくれていますがいつまで持つものか……」と大谷氏は沈痛な表情で劣勢ぶりを話してくれた。「本当に悔しい限りです。秀秋氏はまさに人面獣心《にんめんじゅうしん》って言うんですかね。正直、これから三年の間に必ず祟《たた》ってやりたい、という気持ちで一杯です。これは私だけでなく西軍に参加した全ての武将も同じ思いだと思います。絶対に許せないですね」

天下分け目の決戦で見せた、秀秋氏の歴史的な裏切り行為は、関ヶ原の合戦の勝敗にも大きな影響を与えそうだ。もし西軍が敗れるようなことがあれば、大谷氏の〝祟り〟が実現する日もそう遠くはないのかもしれない――。

※注記 小誌取材班の安全のため、大谷氏には合戦場からリモート形式で取材に参加していただきました。

仕事内容

釜無川の東岸に堤防を造る業務です。御勅使川と釜無川の合流地点で起きる水害を防ぐための堤防造りが主な業務になります。

土を運んで堤防を築ける力自慢のスタッフ大歓迎！
堤防で街を水害から守るやりがいのある仕事です！

資格 / 条件不問(越後領民は除く)
勤務地 / 甲斐釜無川周辺(勤務日により異なります)
時給 / 米5合～(工事経験者・治水関係者優遇)
時間 / 卯の刻～酉の刻(時期・合戦状況により変動あり)
待遇 / 各種領民保険完備、交通費支給(現物支給)、握り飯あり

応募方法 文で連絡の上、履歴書(似顔絵添付)・職務経歴書・過去に携わった農作業や築城作業に関する情報を書類にまとめてご持参ください。

as fast as the wind..
TKD company

戦国大名「甲斐武田氏」
TEL. 1521-12-01 (担当/信玄)
甲斐国山梨郡古府中 躑躅ヶ崎館1F

プレイバック
戦国感動ストーリー

「両兵衛の絆物語」

竹中半兵衛が
黒田官兵衛の嫡男を匿ったワケ……
二人の感動秘話に涙

□登場人物

【竹中半兵衛／たけなか はんべえ】
本名は竹中重治《しげはる》。半兵衛は通称。美濃の斎藤龍興《さいとうたつおき》に仕えていたが、斎藤氏を見限り織田信長のもとへ。その後秀吉に仕える。知将として知られ、秀吉が天下人になるまでの道のりを支えた。美男子だったという説も

【黒田官兵衛／くろだ かんべえ】
天才軍師と称された人物。官兵衛は字《あざな》で正式な名前は孝高《よしたか》。織田信長に仕え、後に豊臣秀吉に仕えた。山崎の戦いや九州征伐などで功績を上げ、豊前中津に十二万石を与えられている

竹中半兵衛と黒田官兵衛といえば、羽柴秀吉氏（後の豊臣秀吉）の配下で活躍する人気急上昇中の軍師の二人だ。竹中、黒田とも軍師・参謀として手腕を奮《ふる》って

おり、羽柴家の中でも人気を二分している。現在はピン軍師として活躍する二人だが、名前に共通点もあることから、ネットでは二人のコンビ結成を望む声も多く書き込まれており、「#黒田・竹中のコンビ名予想」というハッシュタグまで登場しているほどだ。「両兵衛」「二兵衛」「竹中・黒田」「べえべえ」など様々な予想コンビ名も書き込まれており、二人の人気の高さが伺える。

現在、竹中・黒田の両氏は秀吉氏に仕えているが、それ以前はそれぞれ違う君主に仕えていた。竹中は稲葉山《いなばやま》城主の斎藤龍興氏の配下でキャリアをスタートさせている。龍興氏のもとでは、氏に反発し稲葉山城の乗っ取り騒動（＊）を起こすなど、徐々に頭角を現していく。斎藤氏のもとを去った後は織田信長氏、そして現在の秀吉氏に仕えている。一方の黒田も、小寺《こでら》氏に属して姫路城などを中心に活動していたが、その後、信長氏・秀吉氏に仕えるようになっている。

秀吉氏のもとで活躍する竹中・黒田の両名だが、この二人には知られざる秘話がある。

それは天正6年（1578）の7月から始まった有岡城の籠城戦での出来事だ。これは荒木村重《あらきむらしげ》氏が、信長氏に対し

＊【稲葉山城の乗っ取り騒動】龍興氏の居城・稲葉山城を襲い、関係者6名を討ち取り、龍興氏を逃亡させた騒動。

て謀反を起こしたことから始まった合戦だが、この時に有岡城へ赴《おもむ》き翻意《ほんい》するよう呼びかけを行ったのが黒田だ。ところがその際、黒田は城内で捕縛されそのまま監禁されてしまう。スマホなどを没収され一切の連絡が取れなくなった黒田に対して信長氏は「村重方に寝返った」と判断、黒田の嫡男・松寿丸《しょうじゅまる》くん（後の黒田長政）を殺害するように命じたという。

この時、機転を利かせたのが竹中だったのだ。黒田が、裏切りではなく捕縛されていると予想し、松寿丸くんを自身の領地に匿《かくま》って助けたという。この竹中の〝神対応〟に黒田は感謝し、後に竹中家の家紋を貰い受けるなどの対応をみせている。

この知られざるエピソード以来、二人の軍師の間には友情を超えた深い信頼関係が存在している。いつの日か二人がコンビを組んで舞台に上がり、天下というトロフィーを手にする日を見たいと思うのは、私だけではないはずだ。

文：太原雪斎（軍師評論家）

カリスマ戦国武将・加藤清正プロデュース

食べられる畳セット

TABERARERU-TATAMI

籠城に強い！

敵にバレない！

場所を取らない！

それなりの美味しさ！

省スペースで籠城にも強い！畳に編み込む最強スーパーフード！

加藤清正代表

賤ヶ岳の七本槍としてもおなじみの加藤清正氏がプロデュースした戦国時代最強のスーパーフードがついに登場！ズイキを編み込んだ畳を城に敷き詰めれば敵にバレず省スペースで兵糧を貯蓄することが出来ます！

リピート武将続出！予約大殺到！

清正公のお膝元・熊本産のズイキを100%使用。いざという時も美味しく食べられる一品に全国各地の武将から予約殺到中。またリピート購入される武将も続々！購入を急げ！

※加藤清正氏が利用して感じた個人の感想です。
※籠城戦での勝利を確約するものではございません。

熊本産ズイキ使用

写真は加藤清正公の領地で栽培・収穫されたサトイモのイメージです。

賤ヶ岳の七本槍でおなじみ

KATO KIYOMASA FACTORY

食べられる畳　検索

戦国なかよしご夫婦インタビュー

〈山内一豊さん♡千代さんご夫妻〉

山内一豊

YAMAUCHI KAZUTOYO

初代土佐藩主。織田信長、豊臣秀吉に仕え高松城の水攻めや小田原攻めなどで活躍した武将。関ヶ原の戦いでは徳川方につき、土佐二十万石を与えられる。司馬遼太郎の『功名が辻』や同名のNHK大河ドラマも有名

千代 CHIYO ［見性院 KENSYOIN］

山内一豊の正室。浅井家の家臣・若宮喜助友興《ともおき》の娘（諸説あり）。一豊との出会いについてはこちらもいくつかの説があるが、一豊の母・法秀院に仕えてそこで見込まれたとも言われている

仲良しの秘訣を伺う企画「戦国なかよしご夫婦インタビュー」。今回のゲストは尾張国より山内一豊さん・千代さんご夫婦です。近江時代の貧しい新婚生活時代の話から、出世にまつわる秘話まで、お二人の夫婦仲の秘密を暴いちゃいました！

出世のきっかけは「妻の支援で購入した馬」⁇

──まずはお二人の馴れ初めから聞かせていただければ。

一豊　そうですね、母が近江国飯村の方で裁縫教室をやっていて、私も時折一緒に参加していたのですが、そこにチーちゃん（千代）がいたのが出会いですね。すごく可愛い子がいるな、とチラチラ見てしまったのを覚えています。

千代　私は初めて出会った時の記憶はあんまりなくて（笑）。カズくん（一豊）は結構印象が薄いタイプだったんです。でも少しずつ仲良くなって、付き合い始めたら結婚まではあっという間だった気がしますね。お金がなかったので、琵琶湖のほとりとか近所で遊ぶことが多かったです。

──チーちゃん、カズくんと呼び合っているのですね。

一豊・千代　（笑）

一豊　出会った頃からその呼び方ですね。そういえばカップル垢の動画チャンネル

「一豊・千代の我々ヤマウチですTV」をやっているのですが、そこでも呼び名についてのコメントをよくいただきます。「待って、めっちゃかわいい」「イメージと違うけど、いい」とか、比較的好評ですね。

――「お金がなかった」とおっしゃっていましたが、どのような苦労が？

一豊　そうですね。当時は、色々な工夫をして乗り切っていました。料理道具なんかも全く買えなかったのでチーちゃんには申し訳なかったですね。ある日台所をのぞいたら、チーちゃんがまな板の代わりに枡《ます》を裏返して代用していたのを見たことがあります。「まな板一つ買えなくて申し訳ない」という気持ちよりも、「枡の裏側をまな板代わりにするとか、そんな発想ある？」という驚きのほうが勝っちゃって。「それ、使い方あってる？」と思わずツッコミを入れちゃいました。「まな板として狭くない？」って思って（笑）。

千代　工夫と言えばそれはもう色々……。カズくんのまげも私が整えていましたし、私の髪もカズくんに切ってもらったり。ただ、カズくんが髪を切るのが異様に上手くて、外で切ってもらうよりいい感じに仕上がるので助かっています。本人曰く「賤ヶ岳《しずがたけ》の戦いより簡単」だそうですが。あと髪の毛って売れたりするので、それも家計の足しにしていますよ。

――先日のSNSでバズった「馬揃えの話」についてお聞かせください。

千代　投稿した内容はだいぶ端折《はしょ》っているのですが、ざっくり言うと、フリマアプリを見ていたら、お買い得な名馬を見つけたんです。カズくんに教えてあげたら「これめちゃくちゃ欲しいやつ」とかなりテンションがあがっていました。お買い得といえど馬は馬なので、二人の貯金では手が出ない金額だったんですよね。カズくんが「欲しいなあ、でも無理だな」とずっと言っていて……。最終的には寝言でも「馬ェ……」と言い出していたので、「ああ、これは買わないとヤバイやつだ」と思い、何かあった時のためにおいた持参金の定期預金を解約して、馬を買うことにしました。

一豊　大切な預金なので、自分が欲しいというだけで解約するのは反対だったのですが、説得されて最後は購入することになりました。ただ、そうして手に入れた馬が、馬揃えの時に織田信長さんの目にとまって、出世のきっかけになったんです。あの時に馬を買わなかったら、チーちゃんが預金を崩してくれなかったら、いまの自分の状況はなかったと思います。本当に感謝しかないですね。

――最後にファンの皆さんへメッセージを。

千代　いつもチャンネルを見て、さらにコメントでも応援してくださるファンの皆様には感謝しかありません。ありがとうございます。これからも夫婦一緒にいろんな企画にチャレンジしていきたいと思いますので、引き続き応援してください！

一豊　皆さん、いつもありがとうございます。今度、関ヶ原のほうで行われる大きめのイベントに参加予定で、その様子もアップしますのでぜひ見てください。

この武将、この年表

「姫若子から鬼若子へ」

遅咲きの苦労人・長宗我部元親

□登場人物

【長宗我部元親／ちょうそかべ もとちか】

土佐の戦国武将。長宗我部氏を率いて四国を制覇したことから「土佐の出来人《できびと》」と呼ばれている。四国統一後に秀吉に攻められて降伏、土佐一国に安堵《あんど》された。その後文禄の役・慶長の役にも参加している

人気戦国武将のこれまでの人生を年表形式で振り返る連載「この武将、この年表」。第103回目の今回は、遅咲きの苦労人・長宗我部元親さんの武将人生を振り返ります。それでは、レッツ年表！

天文8年（1539）

元親さんは、土佐国・長宗我部家に誕生。父・国親《くにちか》さんは大名を務め、半農半兵システムを採用した「一領具足《いちりょうぐそく》」（＊）の考案者として有名です。元親さんの幼名は弥三郎といい、周りから、とてもおとなしい素直な子だと言われていたそうです。今とイメージが違いますね！

＊【一領具足】長宗我部氏配下の下級武士で、平時は農耕に従事し、有事は軍務についていたマルチな人々の呼称。一領（一揃い）の具足（甲冑）を携えて駆けつける、という意。

天文18年（1549）

幼少期の元親さんは、色白で物静かな男の子だったそう。本を読むことが大好きで、人と会ってもろくに挨拶もせず、ただぼんやりと空想にふけりがちな少年だったおかげで周りからは「軟弱者」「うつけ者」なんて言われたことも。最終的には「姫若子《ひめわこ》」なんてあだ名もつけられていたそう。父・国親さんも当時は「この子を跡継ぎにしてよいものか……」と悩んだようです。

永禄3年（1560）

そんな元親さんですが、初陣を飾ったのはなんと22歳。武将は15歳前後で初陣を飾ることが多いと言われているので、とても遅咲きの元親さん。姫若子というあだ名も相まって、初陣を迎えるにあたり、周りからは心配の声が寄せられていたとか。ところがどっこい！ そんな不安だらけの初陣で、元親さんは大活躍。当時、家臣だった秦泉寺豊後《じんぜんじぶんご》さんによると「合戦前にとりあえず槍の使い方を教えたのですが不安でいっぱいでした。ところが合戦が始まってみてびっくり！　槍は敵の目と鼻を突くように、と教えたらまさにその通りに実践して見事に手柄をあげていました」。槍を手に獅子《しし》奮《ふん》迅《じん》の活躍を見せた元親さんの頑張りもあって、長宗我部氏は、当時土佐で大きな勢力を誇っていた本山氏を見事に打ち破り、大勝利。この活躍によって、姫若子と呼ばれていた元親さんの評価も一変。「鬼若子」という異名で呼ばれるようになりました。一族の家督も継ぎ、名実ともに長宗我部氏のリーダーになっていきます。

天正３年（１５７５）

活躍の場を広げる元親さんは、四万十川《しまんとがわ》の戦いで一条兼定《いちじょうかねさだ》氏に勝利、土佐統一を果たします。挙兵した一条氏に対して、わずか３日で七千を超える軍勢を集めて対抗、大活躍をみせました。また、この年には元親さんがＳＮＳに投稿した「多芸より一芸のほうが勝たん」という言葉が大流行。同年の流行語大賞にノミネートされました（大賞は「三段撃ち」が受賞）。

天正9（1581）

土佐を制した元親さんは、その後、阿波や讃岐《さぬき》など四国内で勢力を拡大していきます。ところが、順調に見えた元親さんの活動に暗雲が立ち込めます。四国内での勢力拡大に、有力武将・織田信長氏から待ったがかかったのです。そんな信長氏に対して、元親さんは怯《ひる》まずに猛然と反発し立ち上がります。しかし相手は天下統一を目指す一大勢力、元親さんは窮地《きゅうち》に立たされます。しかし、ここで大きな出来事が起こります。それが皆さんご存じ「本能寺の変」です。「最初に事件のことを聞いた時は信じられなかった」と元親さんが語る通り、天下統一を目前にした信長氏がまさかの謀反で散ってしまうのです。「ただただラッキーでした。明智さんには感謝しています。私が黒幕、なんて噂もネットで流れましたが、そんなことは全くなく、本当にただの偶然ですね」と元親さん。こうして窮地を脱した元親さんは、四国平定に向けてさらに前進します。

天正13年（1585）

元親さんは伊予国《いよのくに》の河野家を降伏

させ、ついに念願だった四国統一を果たします。土佐出身の元親さんに対して「土佐の出来人」といったニックネームも付けられるなど、各方面から称賛の声が寄せられます。「遂に四国統一を達成できてとても嬉しかったです。一部で統一を疑う声もあがっているそうですが、そういう方にはぜひ四国にきて、私の統一ぶりを見て欲しいものですね」と一部ネットの声に対しても、自信をのぞかせました。

四国統治の意気込みを語る元親さん

担当'S メモ

「土佐の出来人」こと元親さんですが、普段はうっかり失敗をしてしまうこともあるそう。土佐の領内で禁酒令を出していた際には、こっそり酒を城内に運び込んで飲んでいたこともあったそうで、家臣の福留儀重《ふくとめよししげ》さんにこっぴどく叱られたとか……。そんな意外な一面も、支持される理由の一つなのかもしれません。

今なら入会年貢
無料！
天正10年6月2日
まで
この春から始める！
能を身に着けて、
他の戦国武将に
差をつける♪
人間五十年
健康は夢幻じゃない♪
いよいよグランドオープン
能エクササイズジム
新規会員募集
幸若三十六番で素敵に！元気！雅にエクササイズ！
今入会すれば…
おしゃれ扇子プレゼント
先着30名
限定！
春の元服武将キャンペーン
敦盛個人レッスン
初回
無料
セントラル能クラブ
MIYABI GYM
京都店・安土店・堺店
その他全国各地に続々オープン！

連載小説
「君の塩は、僕の塩」

～サラリーマンとして働く武田信玄の一日～

キッチンの棚に塩はなかった。

塩のないゆでたまごは、どこかぼんやりとした味で、「めざましテレビ」を眺めながら信玄はため息をついた。塩の瓶はずいぶん前から空のままで、会議や合戦続きの毎日に塩のことはいつも後回しになっている。今日の運勢は10位だった。「ラッキーアイテムは蘭奢待《らんじゃたい》（＊）です」と話す女性アナウンサーの声を聞きながら、蘭奢待を手に入れたら家のどこに置けばいいだろうかと想像する。玄関だろうか、馬屋だろうか、トイレだろうか。そう思いながら、信玄はゆでたまごの最後のかけらを口に放り込む。ぼんやりとした味が口の中で広がる。

サラリーマンになって6年目。

出世や上洛には興味がなかったといえば嘘になるけれど、ようやく課長（甲斐支店）になってからも上昇志向と卑屈の隙

＊【蘭奢待】正倉院に納められている香木。天下人だけが切り取りを許されたとされ、足利将軍や織田信長、徳川家康らが持ったとされる名香。芸人ランジャタイの芸名もこれが元ネタ。

間で自分をやりくりしてきた。デスクワーク（主に馬と塩関連の業務）は忙しい日々だったけれど、でも単調といえば単調でもあって、そういう仕事に嫌気がさして謀反だったり上洛だったりに踏み切れる人が羨《うらや》ましいと、信玄は思っていた。

昨日の深夜、取引先の今川さんから、今後は塩の輸送を打ち切らせて欲しいという連絡があった。海のない甲斐では塩取り引きは重要な業務のひとつだ。繁忙期（合戦前後）でも、塩関連の業務は必ず最優先で行うし、終電まで残業して対応することも多い。今川さんは弊社の塩取り引きで大口顧客の一人だ。大変心苦しいのですが、と今川さんのメールには丁寧にお詫びが書かれていた（本心ではないだろう）。群雄割拠《ぐんゆうかっきょ》のこのご時世、まあ仕方がないのだろうけれど。塩がなければ領民から苦情が出て、その対応に追われる日々がやってくる。みんな、何故そんなにも塩が好きなのだろうか。キー

ボードをカタリカタリと叩きながら小さくため息をつく。気が付くと窓が濡れている。

外は雨で、傘がない。塩もない。

昼食後の気だるい午後の会議、ZOOMの画面越しに織田さんが話し続けている。敏腕武将で、どんな仕事も自分のやり方で進めていくことで有名な人だ。「騎馬はもうコモディティ化してますよね。いまは火縄銃がトレンドなんだから、南蛮アライアンスで三千丁くらい用意して、鉄砲隊を三列に並べるスキームにコンセンサスを得たいですね。それで合戦でウィンウィンですし」。織田さんの横文字混じりのプレゼンテーションが、一騎駆けのように続く。悪い人ではないのだろうけど、良い人かと言われるとよくわからない（寺とか燃やしそうだし）。とにかく自分とは違うタイプの人だ、と信玄は思う。ぼんやりと窓の外を眺めると、雨上がりの遠くの山に飛ぶ、ホトトギスを見つけたような気がした。あの鳥はどんな時に鳴くのだろうか。織田さんの話はまだまだ続き、信玄の綴《つづ》る議事録は、巻物の余白を右から左へと埋めていく。また一つ小さなため息をつく。

オフィスで経理部の上杉さん（女性）を見かけた。オフィスグリコに永楽通宝《えいらくつうほう》を入れている。上杉さんとは仕事でのやりとりはそれほどなかったけれど、打ち上げの席で隣になって以来、社内で会うと話をするようになった。家が近所だったこともあり、それ以来おすすめのお店や、小洒落《こじゃれ》たカフェなんかの情報交換をしている。信玄が住んでいるアパート（パレス躑躅《つつじ》ヶ《が》崎館《さきやかた》・木造アパート）のことを、すごい名前ですね、と屈託なく笑っていた上杉さんは、ポッキーを片手に廊下の向こうに消えていった。上杉さんが小脇に抱える長財布には、達筆な字で「毘」という字が書かれている。び。上杉さんのポニーテールが廊下の遠くでゆっくりと揺れる。残像が信玄のまぶたに残る。

今川さんからの塩留めの知らせを聞いた、部下の飯富君がデスクに詰め寄るようにやってくる。飯富君は若手社員の中でも、一番勢いのある武将だ。勢いといえば聞こえがいいが、融通が利かないタイプとも言えるが。どうしてそんなことがまかり通るのか、打って出るしかないのではないか、と飯富君はまくしたてる。真っ赤なネクタイが眩しい。先方にも事情があるのだから、となだめながら飯富君を帰す。事情なんてあるのかわからないけれど。課長になってから、合戦よりも部下の出世の相談を聞いたり、相性を考慮した陣を敷いたりするような業務が増えた。馬にまたがって、ただ甲斐の草原を駆けていた元服《げんぷく》前のあの頃が懐かしい。

取り急ぎ、というだけの塩対応を終え帰路につく。いつもより鎧兜《よろいかぶと》の重さを感じながら、馬上で空を見上げる。夕日が雲を照らし、オレンジ色の天蓋《てんがい》のようでとても綺麗だった。諏訪湖《すわこ》のほとりでゆっくり寝ていたい、と信玄は思った（3年くらい）。ただ休みの日に合戦場から呼び出されて、馬上から軍配を振るっているほうが、自分らしい気もしてくる。木漏れ日が諏訪湖に反射する。二十三尺の湖底に揺れる水面を通して陽の光が届く。

重い足取りでパレス躑躅ヶ崎館の階段にたどり着いた信玄は、今日も塩を買い忘れたことを思い出す。仕事もプライベートもしょっぱいなと、ひとり力なく笑う。階段を上り終えると自分の部屋のドアに、白いビニール袋がかかっていた。何かの罠？と、顔を遠ざけつつドアノブに手を伸ばし袋を手に取る。ズシリと感じる重さがフィクションのようだった。天井の蛍光灯がチカリと明滅する廊下で、そうっと袋の口を開く。

中には塩が入っていた。

袋を持って部屋に入る。リビングのテーブルにスマートフォンと塩の袋を置くと同時にブブっと小さく震えた。届い

たＬＩＮＥのメッセージは上杉さんから
で、未読は２。

大変ですね。塩、よかったら使ってく
ださい。

上杉さんの一言には、毘沙門天のコミカルなスタンプが添えられていた。ネクタイを緩めようと結び目に伸ばした手が止まる。廊下の向こうに消えていく上杉さんのポニーテール。毘と書かれた財布をもつ細い指。アパートの名前を笑う屈託のない笑顔。

嗚呼これは好きになっちゃうやつだ、と信玄は思った。

スマホ片手にしばし考慮したのち、信玄は上杉さんにこのようなＬＩＮＥを送ったのであった。

駆けつけること風の如く
見守ること林の如く
恋に落ちること火の如く
君の傍にいること山の如く

（めっちゃ既読スルーされた）

馬に乗れないってホント？　どうして公家みたいな格好をしているの？

駿河国・今川義元インタビュー

「実は最も天下に近い男なんです」

「海道一の弓取り」と称される駿河国の今川義元さん。公家趣味などが取り沙汰されることが多い義元さんですが、実は、領主としての国運営の実力も内外から高い評価を得ています。今日はそんな義元さんに合戦術や外交テクニック、国造りのコツなどを詳しくお聞きしました！

□登場人物

【今川義元／いまがわ よしもと】
名門・今川氏の嫡流である今川氏親の第三子。軍備・内政の両方を整備し、駿河を中心に遠江、三河に進出し三国を支配した人物。上洛を目論むも、桶狭間で織田信長に急襲され討ち死に。公家かぶれのイメージも強いが政治手腕に長けた人物

キャリアの転機は兄の死と家督争い

今川氏親《いまがわうじちか》氏の三男として生まれた義元さん。最初は駿河にある善徳寺で僧として修行を重ねていたそうです。「当時は梅岳承芳《ばいがくしょうほう》という名前で活動していました。その後、駿河から京都に移って建仁寺、妙心寺などに身を寄せて修行をしていました」。当時は今のように戦国武将になって活躍するとは全く思わなかったという義元さんですが、転機となったのは兄・氏輝《うじてる》さんの死去でした。「兄が亡くなってから、いわゆる家督争いに巻き込まれました。異母兄と争う形になったのですが、幸いにもそれを制すことができて、今川家を継ぐことになりました」。僧の世界で生きてきた義元さんは、還俗《げんぞく》し戦国武将としてのキャリアをスタートさせます。

金山ビジネスで勝機

義元さん率いる今川氏は、駿河《するが》・遠江《とおとうみ》・三河《みかわ》の三国を治めています。家督を継いだ義元さんは、その経営手腕を振るい三国を成長させていきます。「駿河・遠江・三河は、三国合わせても百万石にいかないくらいの石高だったんですよね。

ですので、まずは検地を実施して、石高をしっかりと把握していくことから始めました」。

さらに義元さんは埋蔵資源にも目をつけます。駿河にあった金山などに積極的な投資を行い、金山開発プロジェクトを推進。「米がないなら何があるか？と考えた時に、安倍金山や富士金山の開発を思い付きました。当時は金や銀の精錬法《せいれん》がちょうど渡来した時期で、いわゆる精錬バブルだったので、金の生産量を一気に増加させることができました」。この施策が見事に功を奏し、石高の低かった今川氏領は、有力勢力へと成長していきます。また同時に北条氏康氏、武田信玄氏との三国同盟も締結。「同盟によって国造りの土台ができあがり、東海地方での勢力をしっかりと拡大することができました」

公家趣味の理由

そんな敏腕武将の義元さんですが、巷《ちまた》では「公家趣味」が取り沙汰されることが多く、義元さんのＳＮＳアカウントには、お歯黒《はぐろ》、置眉《おきまゆ》、薄化粧姿の義元さんの自撮り写真やポートレートが多く投稿されています。それらの投稿には否定的な声が寄せられることも少なくなく、中には「貴族趣味に溺れたバカ殿」といった心ないコメントも投稿されています。ＳＮＳで様々な声が寄せられていることについて、義元さんは「否定的な声があることは知っています」と冷静な表情で返答。「ただこれは自分の趣味だけでやっているのではありません。公家文化を知り精通することによって、京都の公家界隈とのコネクションを持つことが一番の目的です。また京都から流れてきた公家の方々を保護することも積極的に推し進めており、こういった方々とのコミュニケーションがロビー活動にも繋がるので、意図的に公家趣味を取り入れているのです」。公家趣味については、「家柄の格の高さ」を表す側面もあると言われており、義元さんは積極的に公家ファッションをＳＮＳ

トレードマークの“眉まろ”でインタビューに答える義元さん

に投稿していると言います。

馬に乗れないって本当？

今川義元は馬に乗れない――。これもネットに頻繁に書き込まれる言葉ですが、それについて義元さんはこう話す。「この内容の投稿が時折バズっているのを知っています（笑）。でもこれは全くのデマですね。普段から馬にはめちゃくちゃ乗りますし、一般的な武将と比較しても、馬に乗っている時間は長いと思いますよ」。笑顔で噂を否定する義元さんは、さらに〝御輿《みこし》〟についても言及してくれました。「馬に乗れず御輿にずっと乗っている、という書き込みもよく見ますね。御輿には確かによく乗りますが、ただこれも（前述と）同じ話で、武家としての家柄というか格式の高さを強調するために意図的に乗っている側面が強いですね。私個人としては合戦場では馬のほうが便利ですし好きですね。御輿は仕事で乗っている、という感じです」。公家趣味に御輿、それらは全て義元さんの緻密な戦略に基づくものだということがわかりました。「なかなか理解されにくい側面があって、公家の見た目を笑われたりもしますが、それで領民が豊かになるのであれば、私は全く気にしません」。そう語る義元さんのさわやかな笑顔に、真っ黒なお歯黒が映えていました――。

【今川義元さんからのお知らせ】

永禄3年（1560）5月19日に尾張国知多郡の桶狭間で合戦ライブが開催されます。対バンは織田信長さん（仮）を予定。荒天の場合も合戦は開催予定。「来週の桶狭間をしっかり勝って上洛に向けて頑張っていきたいです。天気が少し心配ですが皆さん応援よろしくおねがいします」

□登場人物

【島左近／しま さこん】
本名は島清興《きよおき》。始めは筒井順慶《つついじゅんけい》に仕えていたが、その後石田三成のもとで、参謀として活躍。関ヶ原の合戦では西軍を牽引するものの討ち死に。「三成に過ぎたるものが二つあり 島の左近と佐和山の城」と称された人物

関ヶ原の合戦から幾年月……。天下分け目の決戦で散ったと思われていた島左近が、こっそり生きながらえながら綴《つづ》る秘密の潜伏ダイアリー。今日の左近さんはどんな潜伏生活を送っているのかな？

島左近のドキドキ潜伏日記

第23回「お百姓さんにサンキュー」

どもです！島左近です。今日は最近の潜伏生活で気づいたことをご紹介したいと思います。前回は、京都に落ちのびて立本寺《りゅうほんじ》の僧として生活していたエピソードをお話ししましたが、今回は最近なりすましているお百姓さんについてです。

皆さんはお百姓さんについてどう思いますか？お米や野菜をつくってくれている、我々の生活になくてはならない職業の方々ですが、戦国武将生活が長

かった私は正直、お百姓の皆様のありがたさをわかっていませんでした……（反省）。関ヶ原の合戦後の潜伏生活で様々な職業に就いてきましたが、お百姓さんになったのは今回が初めてだったので、驚きの連続でした。

お米や野菜なんて苗や種を植えてちょっちょっと水を撒《ま》けば育つものと思っていた私は、実際に農作業に携わってみてびっくり。こんなにも手間暇をかけて一生懸命に作物を育てないと米や野菜は収穫することができない、ということに本当に衝撃を受けました（これまた反省）。雨の日も風の日も田畑に出て仕事をする毎日。これは正直、戦国武将の合戦よりも普通に大変だと思います。いま私は、とある村で島金八という偽名でお百姓さんになりすましているのですが、厳しい農作業の中で周りのお百姓さんは私を気にかけてくれて、アドバイスや手伝いをよくしてくれています（もちろん周りの方は私が島左近であることを知らないですよ）。合戦場にはなかった「思いやり」「助け合い」という、お百姓の皆さんがもっている姿勢・心意気の素晴らしさを、日々ありありと感じています。

周りのお百姓さんたちのホスピタリティに日々感謝しながら、すこしでも皆さんにお返しできるよう、日々頑張って潜伏生活を続けています。そういえば先日は桜の下で酒宴を催《もよお》してみて、皆さんからの評判も良かったです（笑）。ちまたで死亡・生存説が飛び交う私ですが、そのような下世話な噂話を周りのお百姓さんがしているのを聞いたことがありません。相互に助け合い、支え合いながら生きていく。本当に素晴らしいことです。全国の戦国武将の皆様は、改めて領地で働かれているお百姓さんの姿に目を向けてみてはいかがでしょうか？

日々是感謝です！

□登場人物

【石田三成／いしだ みつなり】
関ヶ原の合戦で西軍を率いた武将。幼少の頃から豊臣秀吉に仕え、賤ヶ岳の合戦などで功績を上げる。特に内政面でも才能を発揮し、太閤《たいこう》検《けん》地《ち》などを実施した。関ヶ原で敗れ、最後は京都の六条河原で処刑されている

こんにちは石田です。群雄割拠《ぐんゆうかっきょ》の戦国の日々、皆様いかがお過ごしでしょうか？　今日は「武将の仕事」の話を少々してみたいと思います。長年、戦国武将業界に携わってきた中で、武将として成功する人・しない人を分ける2つの要素があると感じています。それは「おもてなし」と「義に殉《じゅん》じる」の2つです。それぞれの詳細をご説明します。

三成のありがた〜い小話

「武将として成功する人・しない人」

「おもてなし」が出世を呼ぶ

武将として成功するためには、目上の方や主君に取り立てられる必要があります。その中で重要になってくるのが「おもてなし」の気持ち。私は以前、お寺で小姓をしていたのですが、ある時お寺に地位の高い武将の方がやってきました。その方は鷹狩《たかがり》の帰りにお寺に立ち寄られ「お茶」をリクエストされたのです。私はその時に、その武将の方の気持ちになって考えました。

私はまず最初に大きい茶碗にぬるめのお茶を出し、その次にやや小さい茶碗にやや熱いお茶、最後

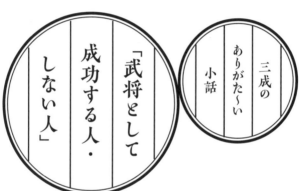

に小さい茶碗に熱いお茶を出しました。これは、まずは最初の茶碗で喉の乾きを潤《うるお》してもらい、その後に熱いお茶でしっかりと茶を味わってもらおうと思ったからです。わかりますでしょうか？This is omotenashi. 私はこれがきっかけで、その武将の方から取り立てられ、戦国武将への一歩を踏み出しました。「おもてなし」は、いつ・どこで・誰に対してもできることです。その時、私を取り立ててくれたのが豊臣秀吉さんです。

武将の本懐は「義に殉じること」

もうひとつ重要な要素は「義に殉じること」です。戦国の世の常ですが、下剋上や謀反などによって出世されている方も多いのが実情です。一方で、そんな殺伐《さつばつ》とした世の中だからこそ「義」という言葉を大切にするべきだと私は感じます。例えば、誰かが自分を取り立ててくれたのであれば、そのご恩に対して、しっかりと義を持って応じる。例えば天下分け目になるような決戦があったとしても、有利・不利に左右されて陣営を鞍替《くらが》えするのではなく、義に殉じて陣営を決める、といった心持ちが必要だと思います。

このように「おもてなし」「義に殉じる」といった2つのポイントを意識するだけで、歴史に名を残す武将に近づいていけるのではないかと思います。皆様も胸に手を当てて、自分が「恩」を感じている人は誰なのか、その人に「義」を尽くしているのか、を改めて考えてみてはいかがでしょうか。

「義」はテストに出るので要チェック

仲良し？ 腐れ縁？ 意外な二人の関係とは……？

利家＆慶次の「マエダマエダ武将対談」

□登場人物

【前田利家／まえだ としいえ】

尾張の戦国武将で、後に加賀藩の初代藩主に。若くから織田信長に仕え、桶狭間の戦い、長篠の戦いなど信長の主な合戦に従軍し功績をあげる。「槍の又左衛門」と異名を取る。一時は信長の怒りを買い放禄《ほうろく》されたことも

【前田慶次／まえだ けいじ】

前田利家の義理の甥。利家に仕えた後に出奔し、上杉景勝に仕えている。傾奇者として知られているが、漢詩や連歌などにも秀でており、文化人としての側面も知られている。『花の慶次』などの作品でも有名

二人の戦国武将をお呼びして、関係やエピソード、互いの想いなどを語る戦国武将の対談コーナー。今日のゲストは織田信長さんのもとで活躍し「槍の又左《またざ》（＊1）」としても知られる猛将・前田利家さんと、傾奇者《かぶきもの》として様々な破天荒《はてんこう》エピソードで若者を中心に人気を集める武将・前田慶次（利益）さんのお二人です。前田家を代表するお二人の意外な関係から、慶次さんが利家さんに仕組んだとんでもないイタズラ話まで、知られざるエピソードが盛り沢山に語られました！

――お二人のご関係を改めてお聞かせください

利家　よく血縁関係があるのかと言われますが、特に血はつながっていないです。ちょうど私が浪人としてブラブラしている

＊1【槍の又左】前田利家の異名。槍を手に合戦で功績を上げ、矢が顔に刺さったままの状態で、相手を槍で倒したという逸話もある。パワー系すぎる加賀百万石の祖。

最中に父の利春が死去しまして。家督は兄の利久が継いだのですが、その利久の家に養子として迎えられたのが慶次だったんですよね。

慶次　似てないってよく言われるけどそりゃそうなんだよね。血もつながってないし（笑）。養父の弟ってことだから、俺は「義理の甥《おい》」だね。ただ義理の甥って言われても、立ち位置というか距離感がよくわからなくて、いまだにしっくりこないけど（笑）。まあなるべく気兼ねなく付き合うようにしてるかな。

利家　まあ、ちょいちょいタメ口きいてくるもんね。

慶次　バレてた。

——利家さんから見て慶次さんはどんな人？

前田慶次さん（左）と前田利家さん（右）

利家　それはもう「傾奇者」って感じですね。自由に生きていると言えば聞こえがいいのですが、正直困ったものです（笑）。問題を起こした時は私が呼び出されたりすることもありますし。一度お寺の和尚と慶次が囲碁勝負をしていて、勝ったほうが負けたほうを殴って良し、という勝負をしていたそうで。その時点でだいぶおかしいのですが、実際に慶次が和尚の顔面を殴って逃げてきたこともありました。話を聞いた時は、わけがわからなくて（笑）。

慶次　あー、あったね。あれは知り合いに「林泉寺《りんせんじ》の和尚がマジ傲慢《ごうまん》すぎるから殴りたい」って頼まれて。なので俺のせいではない。

利家　意味わからないですよね（笑）。結局、私が謝ったのですが、そのことを上杉景勝さんに報告した時、慶次が「見かけはむさ苦しいけど、大根のように噛《か》めば噛むほど滋味《じみ》の出る拙者《せっしゃ》でござる」って説明していて。いよいよわけがわからなかったです（笑）。ただ結果として、景勝さんには気に入られていたので、まあそれはそれで良かったのだとは思いますが。

――慶次さんから見て利家さんはどんな人？

慶次　しっかり者。自分は出世とかそういうものに全く興味がないけれど、叔父は合戦だけでなく、お家のために色々やっていますよね。自分は傾奇系で自由にやっているので、それと比較すると真面目とか小心者みたいな見方をされますが、全然そんなことはないと思いますね。ちょっと小言は多いけど、将来百万石くらいの国を作れる人なんじゃないかな。奥さんのまつさんともめっちゃ仲がいいですし。家庭的な戦国武将なんじゃない？

利家　珍しく褒《ほ》められている……？

慶次　失礼なことを言ってもだいたい許してくれるので、めっちゃ助かってます。前田家関連で面倒な時は、都合よく甥っ子ポジションを利用してます。

――思い出に残るエピソードは?

利家・慶次　水風呂。

利家　かぶった（笑）。まあ結構有名な話なんですが、慶次から「これまで心配かけてすいません」ってLINEがきたんですよね。「心を入れ替えて真面目に生きていきます」と書いてあって感心して。じゃあ一度ゆっくり話そうって流れになって。慶次の家に招待されてお茶を飲む予定だったんですが、慶次から「その前に、先に風呂入りませんか?」って言われて。その時におかしいと気づけばよかったんですが、私も「いよいよ慶次も武士としての自覚が出てきたな」って浮足立ってまして。で、風呂にザブーンと入ったら水風呂だったんですよね。

慶次　そうね、それもキンキンに冷えたやつ。

利家　もうマジで心臓止まるかと思いました。「ちょうどいい湯加減ですよ」って言われてたから、飛び込みましたからね。白目向いて倒れたのですが、その頃には此奴《こやつ》は松風《まつかぜ》（＊2）に乗って逃げたっていう。マジであの時は風邪ひきました。

慶次　風邪で済んだのはさすが槍の又左。今となっては、いい思い出。

利家　どこがだよ（笑）。あれ以来、お前のことは一切信じなくなったけどな。

――お二人の話はまだまだ続きました。前田家を支える二人の武将の意外な関係が垣間見えた、なんとも楽しい時間でした。それではまた来週!

＊2【松風】前田慶次が乗っていた馬の名前。元は前田利家の馬だったが、水風呂事件の際に慶次が勝手に乗って帰ったとされる。利家にとっては踏んだり蹴ったりの一件。馬だけに。

きょうのオススメ町ドクター

啓迪集　薬性能毒　百腹図説　正心集

神麴の製剤・処方

曲直瀬道三医院

上京区寺町通今出川上ル鶴山町
雅クリニックモール 2F

	月	火	水	木	金	土	日
午前(9:00-12:00)	○	○	−	○	○	○	−
午後(14:00-17:00)	○	○	−	○	○	−	−

将軍家から天下人まで患者の気持ちに寄り添う医療を

数々の著名武将から支持される神麴医療の第一人者

外科治療から内科治療まで幅広く対応する安心の医院・曲直瀬道三医院。生薬の処方では何首鳥・当帰・木通・芍薬・白芷・茴香・鳥薬・枳殻・甘草などのなかから、患者様の体質や体調にあったものを丁寧に処方いたします。合戦でのケガに関しても、刀傷、銃創、矢傷などケガの種類によって丁寧に治療プランをご提案します。治療にあたっては道三のほか、学舎啓迪院の専門スタッフ一同が、丁寧に患者様をケアいたします。

※おなじみの生薬の汁や粉末を混ぜた神麴

きょうの町ドクター

医聖・曲直瀬道三さん

足利学校卒。田代三喜に師事し李朱医学を学ぶ。京都を中心に活動し将軍・足利義輝をはじめ、細川晴元、三好長慶、松永久秀などから厚遇を受け学舎啓迪院を設立。織田信長ほか天下人からも人気の医師。

「幅広い民草に安心安全の医療を届けるため日々邁進しています。」

――曲直瀬道三

フランシスコ・ザビエルの

献上品セレクトランキング

TOP5

1 南蛮酒 (nanban syu)

「ＳＡＫＥ」などを親しまれている方にはピッタリの一品。ポルトガルの葡萄酒などがオススメです。

2 置き時計 (oki dokei)

ぜんまい仕掛けの時計。高級品でサイズもやや大きいので城や宮をお持ちの方への献上に。

3 メガネ (megane)

お年を召された方、視力が悪い方にはぴったりのアイテム。普段使いできるので気軽に渡せる一品。

4 ギヤマンの水差し(mizusasi)

ガラス製で細工の入った水差し。和テイストのお部屋にも合うおしゃれな水差しです。

5 鏡 (kagami)

お顔がしっかり映るコンパクトなアイテム。女性の方への献上品としても喜ばれる一品です。

戦国プレイバックインタビュー

あの武将は今

「鞆《とも》で幕府やってます」
～第15代将軍・足利義昭さんの現在～

□登場人物

【足利義昭／あしかが よしあき】

足利義輝の弟で室町幕府・最後の将軍。始めは覚慶《かくけい》と称して仏門に入っていたが、その後還俗。織田信長に擁されて入京し、将軍となる。信長と不和になった後京都を追われ、義昭を最後に室町幕府は滅ぶ

日々、移り変わりゆく戦国時代。かつて活躍した人気のあの人や、謀反で話題を集めたあの人など、数多くの武将が表舞台から消えていきました。そんな一世を風靡《ふうび》したあの武将は、現在どんな暮らしをしているのか？ 小誌取材班が、話題の武将のその後を追いインタビューする「戦国プレイバックインタビュー あの武将は今」。今回は第15代将軍として活躍した足利義昭さんの現在をご紹介。それではレッツ、プレイバック！

釣りをしながらインタビューに答えてくれた義昭氏

足利家将軍として活躍されていた義昭さんは現在、備後国《びんごのくに》の鞆《とも》に在住されており、幕府活動をされているそうです。

「少し前から、こちらに住んでいます。京都に比べるとのんびりしていて、とても過ごしやすいですね」。そう笑顔で語る義昭さん。キャリア初期は仏門に入り覚慶《かくけい》の名で活動していたそうです。「仏門に入って打ち込んでいましたね。ですので、その後将軍になるなんて夢にも思いませんでした（笑）」

義昭さんはその後、兄である義輝さんがトラブルに巻き込まれたことを契機に京都を脱出。自身の還俗、朝倉義昭からの庇護《ひご》、そして改名と激動の日々を過ごします。「あの頃は日々状況が変わって大変でしたね。ただ、その後に信長氏に擁されて上洛することになるので、今思えばまだまだ序の口だったんですけどね（笑）」。そう朗《ほが》らかに笑う義昭さんだが、第15代将軍に就任し大ブレイクした後には、信長氏と対立。京都から追われ苦悩の日々を過ごしていたという。「気の合う仲間と信長包囲網を作ったりもしたのですが、なかなか難しかったですね。自分なりに将軍としてのベストを尽くしてはいたのですが」

備後国・鞆に下向

京都を追われた義昭さんは、河内、紀伊などを経由しながら備後国は鞆にたどり着きます。「京都からは追放されたものの、依然として将軍職にはあったので、なんとか活動の拠点を作って、再起できないかと思っていました」。そんな義昭さんの諦めない気持ちが新たな出会いを呼びます。「声をかけてくれたのが、毛利氏の皆さんですね。特に代表の毛利輝《てる》元《もと》さんが気にかけてくださって、活動を応援してくれました」。当時、西方に勢力を拡大していた信長氏と、対立が取り沙汰されていた毛利輝元さんが義昭さんの庇護を買って出てくれたと言います。これによって義昭さんは鞆の地で新たな幕府「鞆幕府」をスタート。「ずっと幕府の代表をやってきたので、鞆で幕府を立ち上げることができた時はとても嬉しかったですね。輝元さんにも感謝の気持ちで一杯で、副将軍に任じたりもしました」。義昭さんは鞆幕府で、充実した将軍活動を行っている毎日とのこと。

鞆を選んだ理由

義昭さんは、鞆で幕府を立ち上げた理由について「輝元さんがいたから、というだけではないです」と語ります。「実は鞆という場所は、われわれ足利将軍家にとってとても関係の深い場所なんですよね。古くは初代将軍・足利尊氏《たかうじ》が新田義貞《にったよしさだ》（＊1）追討の院宣《いんぜん》（＊2）を受けた場所だったりもして。第10代将軍・足利義稙《よしたね》にも関連のある場所ですし、とても運命的な場所だと思っています。初めて鞆に足を踏み入れた時に、知っている場所に帰ってきた

＊1【新田義貞】鎌倉末期の武将。元弘の乱で始めは北条氏に属していたものの、最終的にはそれに背き、鎌倉幕府を滅ぼした人物。南北朝の時代には足利尊氏とも対立している。忙しい。

ような印象というか、ここだなって直感的に思ったんですよね」。その直感の通り毛利氏からの庇護を受け、義昭さんは鞆で新たな幕府を開始、鞆は足利氏にとってさらに運命的な場所となったワケです。

貧乏公方と呼ばれて……

義昭さんと言えば、流浪《るろう》の旅を続けているイメージが強く、信長氏からの追放後も多くの諸大名を頼り諸国を渡り歩いています。そのためネットではそれを揶揄して、義昭さんを「貧乏公方」と呼ぶなど心ない投稿などもされています。

これについて義昭さんは「全然気にしていないですね、私は確かに貧乏ですし（笑）。でもお金を沢山持っていても、心が貧しいと意味がないと思うんですよね。誰とは言いませんが、権力や金はあっても心が貧乏な武将は実際いらっしゃいますしね。個人的にはそれよりも貧乏公方のほうが、まだ良いと思います（笑）」。そうやって明るく笑う義昭さん。屈託のないその笑顔が、人々から愛され、思わず擁護したくなる義昭さんの大きな魅力の一つだと改めて感じました。

＊2【院宣】上皇や法皇の命を受けて出される文書のこと。内容については公的なものだけでなく、私的なものまで含まれている。社長や会長からのDMや直LINEのようなもの。

連載

信長と利家の友情交換日記

#23話

「ヤンキー、織田家に帰る」

□登場人物
【前田利家／まえだとしいえ】尾張の戦国武将で、後に加賀藩の初代藩主に。若い頃から織田信長に仕え、桶狭間《おけはざま》の戦い、長篠の戦いなど信長の主な合戦に従軍し功績をあげる。「槍の又左衛門」と異名を取る。一時は信長の怒りを買い放禄《ほうろく》されたことも

きょうの交換日記は前田利家の番。

前回の日記で殿（信長）から「犬千代（利家）は、昔からめちゃくちゃヤンチャで、ずっと長槍を持って歩いてて怖かった。正直、全然ワシのほうがおとなしかった」という言葉がありました。たしかに昔から殿と一緒に、うつけグループを組んで町を練り歩いたりしていましたが、

私などまあ可愛いもので、やはり殿のほうが怖かった気がします。ジャックナイフっていうのですかね。まあ尖っていましたよ、殿のほうが。焼香の灰（＊）をぶちまけたりし

＊【焼香の灰】天文21年（1552）に織田信長の父である信秀が死去し、その葬儀の席で若い信長が灰（抹香）をぶちまけたというトンデモうつけエピソード。みんなは真似しないように。

てましたし。

ただ振り返ってみると私も相当ヤンチャだったのはたしかですね。その中でも一番思い出に残っているのが、笄斬《こうがいぎ》りっていう事件ですかね。昔、殿の同朋衆《どうぼうしゅう》をやっていたメンバーのなかに拾阿《じゅうあ》弥《み》っていう方がいらっしゃったのですよね。私はあまり仲良くなかったのですが、ある日、私が大切にしていた日本刀のアクセ(笄)がなくなっちゃったという事件がありました。その時、いろいろ調べるとどう考えてもその拾阿弥ってヤツが盗んだんじゃないかという流れになりまして。私も若かったので、物凄く腹が立って、思わずその方に斬りかかっちゃったのですよね(笑)。笑いごとじゃないですけどね。

それがいろいろ問題になってしまって、殿からも怒られて、結局、出仕停止となっちゃったのですよね。その時はもうショックで、しばらくご飯が食べられなかったのを覚えています。熱田《あつた》神宮の関係者の方に庇護してもらっていたのですが、ずっと部屋にこもっていました。でもある日「このままじゃいけない、自分でなんとかしなきゃいけない」と思い立って。殿の許可も得ずに合戦場に出向いたのですよね、出仕停止を受けているのに。

最初は桶狭間に行って勝手に戦いました。首級《しゅきゅう》もいくつかあげたのですが、帰参は許されなくて。それでも諦めずに、森部《もりべ》の戦いにも勝手に出向いて勝手に戦いました。そこでも首級をいくつかあげて、その時にようやく殿から「戻って良いよ」という言葉をいただいたんですよ。あの時は本当に嬉しかったし、諦めずに合戦に出続けてよかったと思いました。ただ来るなと言われているのに、勝手に合戦に来て戦うヤツっていま考えると怖いですが(笑)。

殿はあの時のワシをどう思っていたのかを次回の日記で教えてほしいです。それでは。

前田利家より。

ミステリー連載①

戦国小姓探偵団

「トンボがひとりでに…呪われた槍の謎」

□登場人物

【武将H（本多忠勝／ほんだ ただかつ）】
幼少から徳川家康に仕え、多くの合戦に参加。長篠の戦いや、小牧《こまき》・長久手《ながくて》の戦いなどで活躍した徳川四天王の一人。「蜻蛉切《とんぼきり》」は本多忠勝が愛用した槍の名で、天下三名槍の一つに数えられる

戦国の世にあふれる数多《あまた》の武具。名刀と呼ばれ重宝されるものから、妖刀《ようとう》と呼ばれ恐れられるものまで様々。そんな伝説や曰《いわ》くのある刀剣・防具・道具などのミステリーを調査する「戦国小姓探偵団」。今回のテーマは「トンボがひとりでに斬れてしまう呪われた槍」を調査する。それいけ小姓ども！

皆様は「呪いの槍」の噂をご存知だろうか。とある戦国武将が持っているると言われる槍で、刃長43・8㎝にもなる笹穂の形をした大身槍である。勇猛果敢《ゆうもうかかん》な武士がひと度この槍を振るえば、目を見張る武勲《ぶくん》をあげることができる一振りである。

しかしこの槍には、とある恐ろしい噂が流れているのだ。それは穂先に止まったトンボがひとりでに斬れてしまうという世にも恐ろしい噂だ。にわかに信じがたい話であるが、我々小姓探偵団は調査を進める中で、「実際にトンボが斬れるのを見た」という証言を手に入れた。

探偵団は今日も謎を追う!

「陣に立て掛けてあった槍に、ふと一匹のトンボが止まりました。穂先に止まったので危ないな、とは思っていたのですが、次の瞬間ハラリとトンボが二つに斬られて落ちていったのです（証言者A）」

これが事実であればなんとも恐ろしい槍である。調査によれば、槍の製作者はかの妖刀・村正《むらまさ》（*）を生み出した村正氏の子孫、もしくは弟子という言い伝えもあり、妖刀・村正と同じ系譜を持つ槍ということになるわけである。

さらに小姓探偵団が調査を続ける中で、現在の持ち主についても奇妙な点があることがわかってきた。持ち主である戦国武将Hは、勇猛果敢な武将として知られるが、その風体・格好が奇妙なことでも知られているという。具体的にはHの兜には、まるで鹿のような巨大な角が付けられており、また合戦場に出る際には、常に巨大な数珠を付けているのだという。鹿の角に数珠、そして手には呪われた蜻蛉切の槍。なんとも不気味な組み合わせである。周辺への取材で得た情報では「Hが槍を振るうと、飛び交っているトンボが切り落とされる」という噂もあり、その真偽を調査中である。

我々、小姓探偵団では引き続きこの呪われた槍の正体を追いかけていく。情報をお持ちの方は探偵団まで是非一報をお願いしたい。

＊【妖刀・村正】村正は室町後期の刀工の名前。徳川家康の祖父・清康や父・広忠らが村正の刀で斬られたことなどから、徳川氏から忌避されるようになったもの。要は縁起の悪い刀。

Who is toudaiji moya shita?

ミステリー連載②

「東大寺を燃やしたのは誰か?」

□登場人物

【松永久秀／まつなが ひさひで】

三好長慶《みよしながよし》に仕えるも、後に三好家を滅ぼすなど下剋上《げこくじょう》でのし上がった人物。将軍・足利義輝を自害に追い込むなど、奸雄《かんゆう》としてのイメージも強い。織田信長と対立し、最後は自害。茶道具と共に爆死したという逸話も（残念ながら創作）

永禄10年（1567）10月11日に東大寺大仏殿が焼失するという謎の事件が起きた。大仏殿は焼け崩れ、大仏の仏頭《ぶっとう》も焼け落ちるという悲惨な状況に、周辺住民や大仏ファンからは落胆の声があがっている。大仏殿の大炎上について、出火の理由や火を放った犯人などについては、現在も謎に包まれているが、当日、東大寺周辺では三好三人衆《みよしさんにんしゅう》と松永久秀らの軍勢が多数目撃されており、合戦らしき騒ぎがあったという証言も飛び出している。謎の大炎上の犯人は一体誰なのか、その謎を追う——。

今日のミステリーポイント「松永久秀による放火説」

前回の連載では「三好三人衆側の兵による放火説」を紹介したが、今回はもうひとつ有力とされている「松永久秀による放火説」を紹介していこう。

当時、東大寺には三好三人衆が陣を構えており、そこを攻めていたのが松永久秀だ。合戦が進む中で、松永陣営が三好三人衆を攻めるために各所に火を放ち、これが結果として仏頭のほか伽藍《がらん》、念仏堂、大菩提院《だいぼだいいん》などを焼失する大炎上につながったという説である。

この説については戦国武将の織田信長なども支持を表明しており、「大仏殿の大炎上は、戦国時代の三悪事のひとつ」とまで評して松永氏を断罪している。SNSなどでもこの説は広く認められており「これはヒドい焼き討ち」「久秀、梟雄《きょうゆう》すぎへん?」などの中傷なども多数書き込まれているのが実情だ。一方で、東大寺関係者によると「合戦の最中に起きた不慮の失火で意図的ではない」との声もあり意見が分かれている。

しかしながら松永氏のこれまでの数々の悪行を考えれば、放火説もにわかに信憑性《しんぴょうせい》を帯びてくるのは確かだ。松永氏は現在、合戦の最中で信貴山城《しぎざんじょう》に立てこもっており、小誌の取材には応じていない状況である。

果たして大炎上は松永久秀の放火によるものか。読者の皆さんはどうお考えだろうか?

次回は「三好三人衆の軍勢にいたイエズス会関係者による放火説」を、『日本史』の著者のルイス・フロイスへのインタビューとともに追う。

天下人からの、
急な焼き討ちに
備える時代へ。
急な焼き討ちから寺社仏閣を守りたい。
そんな全国の戦国武将の支えに私達はなりたいと思っています。
焼き討ちから寺を守るチカラ。
焼き討ち保険
DELUXE
炎上
焼き討ち
延暦寺公式焼き討ちキャラクター
明智光秀さん
焼き討ち保険のお申込み・お問い合わせはお近くの戦国大名または土地の有力者までご連絡ください。
日本焼き討ち保険協会・戦国謀反保証協会

今週の特集グラビア

細川ガラシャ kun

玉のような瞳が眩しいゾ……今年大注目の明智系ガールが登場

【細川ガラシャ／ほそかわ がらしゃ】
永禄6年（1563）生まれ、父は本能寺の変で有名な明智光秀。キリシタンとして細川忠興とユニットで活動中。撮影については「初めての撮影で緊張したけど父譲りの謀反魂で頑張ったゾ！」とのこと。今後のブレイクに編集部でも期待大です！

小田氏治の

よわよわ武将の戦国生き方教室！

戦国最弱?!

気楽に武将ライフ！

□登場人物

【小田氏治／おだうじはる】
常陸国・小田城の城主。常陸で近隣武将と争った武将の一人。「弱小武将」「戦国最弱」と呼ばれるものの、一方で居城を奪われるたびに、めげずに城を取り返しており「常陸の不死鳥」とも称される

弱くたって大丈夫さ！　戦国武将・小田氏治がやさしく教えてくれる戦国武将の生き方教室。きょうも氏治先生の授業がはじまるよ！

みんな元気に合戦してるかな？　先生は元気に合戦場で走り回っているよ。きょうは「合戦に負けた時や城を奪われた時」について話してみようと思います。

みんなは合戦に負けた時どんな気持ちになるかな？　やっぱり悔しかったり悲しかったりするよね。さらに落城して居城まで奪われたりなんかすると、もう悲しみのどん底！　って感じがするよね。先生は合戦に強くない

からよく負けるし、とくにお城については、9回も落とされたことがあるんだ。〝落城のプロ〟と言えるかもしれないね(笑)。でもだからといってそれに慣れるわけではなくて、落城されるたびに、先生はとても悲しい気持ちになるよ。でもね、先生は城を落とされ続けて気づいたことがあるんだ。何度も何度も城を落とされても「意外と取り返せるな」って。

部下が頑張ってくれて奪回できたり、周りと同盟を組んで奪回できたり、時が経ってなんとなくタイミングよく奪回できたりと、色々と巡り巡って城は奪回できる・されるものだと先生は思います。だから、たった一度落城させられたくらいで、悲しんだり諦めたりする必要はまったくないと思う。勝負は時の運。やまない雨はないし、奪回できない城はない。そう信じることが大切なんだね。

あともうひとつ大切なこと。それは家臣の忠告をしっかりと聞くこと。先生は、家臣の忠告をだいたい聞かないタイプなんだけれども、それによって惨敗して城を奪われることもしばしば。やはり周りの人たちの意見に耳を傾けることも、領主としての務めだと思うよ。なので「よし出陣だ!」と思っても、まわりの家臣が止めに入るようであれば、しっかりと意見を聞くようにしよう。そうすれば、城を奪われる回数も少しずつ減ってくると思うよ。

そうやって家臣との結束を固めていけば、末永くお家を存続することができると思う。きょうの授業はここまで。

兄弟リレー連載

おれたち仲良し島津四兄弟

～最終回・島津義弘編～

□登場人物……

【島津義弘／しまづ よしひろ】

「鬼島津」と称される猛将。家督を継いだ兄・島津義久《よしひさ》と共に、九州全域に勢力を拡大。秀吉に下ったものの当主となり、文禄・慶長の役などで活躍。関ヶ原の戦いでは西軍で参戦。撤退戦で見せた敵中突破は「島津の退き口」と呼ばれている

薩摩隼人《さつまはやと》（＊）系男子として大人気！　義久・義弘・歳久・家久の島津四兄弟カルテットのリレー連載も今回で最終回。そのラストを飾るのは「鬼島津」のニックネームで幅広いファンから親しまれる、次男・島津義弘さんです！　はてさてどんな薩摩隼人節が飛び出すことやら……！

どうも、義弘です。兄弟のラストを務めるので責任重大だけど、殿《しんがり》ポジションは得意なので頑張っていきたいと思う。

さて改めて我々四兄弟は、長男・義久、次

＊【薩摩隼人】薩摩出身の武士の呼び名。もとは薩摩に住んでいた隼人一族の人々が、勇ましさで知られたことから。現代でも鹿児島県出身の若者を薩摩隼人と呼ぶ場合も。酒も強そう。

男・義弘、三男・歳久は比較的年齢が近いのだけど、四男の家久だけが年齢が離れているのだよね（12歳差！）。なので上の三人は、色々一緒に行動することが多かったし、実は初陣も三人揃ってのデビューだったんだよね。薩摩に岩剣城《いわつるぎじょう》っていう三方を断崖に囲まれた難攻不落《なんこうふらく》の山城があるのだけど、そこで初陣を飾った。天然の要塞《ようさい》って感じでまあ攻めるのが大変だったけど、最後はしっかりと攻め落とせたのでよい思い出だね。

兄弟の仲は良いの？とよくファンの方から質問されるけど、実際どうだろう（笑）。まあ一緒に行動することもあるけど、長兄の義久なんかは、俺からみると引きこもり武将？っていうレベルで、九州から出てこないので正直良くわからないかな。天下人に「上洛しろ」とか言われても出てこなさそうだしね、兄貴は。やっぱ薩摩隼人系男子だから、一度決めたらとことんそれを貫き通すタイプなんだと思う。

そういえば自分も先日、合戦場でうっかり退路がなくなっちゃって、敵の真っ只中に孤立した時があったんだよね。絶体絶命の大ピンチだったんだけど、その時は結局、敵の真っ只中に突撃して脱出した。何人かがその場にとどまって敵を足止めして、突破されたらまた何人かが残って足止めをして。それを繰り返して脱出したけど、まあ大変だった（笑）。こういう退き方しちゃうと、俺もやっぱり薩摩隼人系男子だな、って思っちゃうよね。薩摩あるあるだね。

今日の話はそんなとこかな。ソイナラまたごあんそ。

am4:00 起床
朝は水を浴びて身体を清めます、冬はすごく寒いです。（ブルブル）

am5:00 髪結
出勤前に髪を結い直し。イケてる小姓男子の第一歩は身だしなみから。

am6:00 出立
御館様《おやかたさま》のところに出仕。よーし、きょうも一日がんばるゾ！

am8:00 朝ごはん
ひと通り朝の仕事を終えてようやく朝ごはん。思わず食べ過ぎちゃうな〜。

pm1:00 軍議
大事な軍議に出席。ちょっと眠いけどしっかり議事録をとっておかなきゃネ！

pm3:00 昼ごはん
ちょっと遅めの昼ごはん。玄米&雑穀でヘルシー昼ごはん。もぐもぐ。

pm6:00 武芸のお稽古
小姓だって武芸は大事！謀反に備えて素振りに打ち込むぞ。エイ！

pm9:00 就寝
門を閉めて屋敷を見回って、きょうもお仕事終了！よーし明日もがんばるぞ！

【森蘭丸／もりらんまる】
永禄8年生まれ。信長の小姓メンバーとして活動中の一人。最近好きな楽曲は幸若舞（＊）の敦盛。「最近、御館様から五万石の領地をいただいたのですが、忙しくて一度も訪れていないので早く行ってみたいです」とのこと！

の一日

＊【幸若舞】室町時代に流行した舞の一種で、曲舞（くせまい）の一派。織田信長・豊臣秀吉らにも愛好され,江戸の時代にも「祝言の舞」として採用されている。中でも敦盛が有名。

美男子小姓
メンバー
森蘭丸 kun

ルイス・フロイスの

此処が変だよ日本の武将レビュー

明智光秀編

□登場人物

【ルイス・フロイス】
イエズス会の宣教師。フランシスコ・ザビエルから日本の事情を聞き来日。九州や近畿など各地で布教し、織田信長や豊臣秀吉とも交流している。日本での布教活動などを記した書物『日本史』の著者

ども、コンニチワ！ベストセラー『日本史』の著者で、イエズス会士としても活動しているカリスマ宣教師・ルイス・フロイスといいマス。極東の島国ニッポンの注目武将を辛口でレビューする「此処が変だよ 日本の武将レビュー」、今回の武将は「明智光秀」ダヨ！

明智光秀さんと言えば、織田信長の部下として非常に優秀な人物として知られている武将デス。「王佐の才」や「頼れる右腕」といった印象が一般的な認識だと思いマス。合戦から外交、内政と幅広く能力を発揮している人物で、その聡明《そうめい》さ・明晰《めいせき》さから〝織田家のブレーン〟と言っ

ても過言ではないと思いマス。すごいデスネ。他にも築城に関しても非常に造詣《ぞうけい》が深く、織田家の中でも一、二を争う築城のプロフェッショナルで、多くの城を手掛けている人物デスネ。

一方で、信長から大きな寵《ちょう》愛《あい》を受けている理由として、その才知や思慮《しりょ》深さだけでなく「狡猾《こうかつ》さ」もひとつの大きな要因だと思いマス。裏切りや密会などを好む傾向があり、立ち回りというか「人と人」の間で暗躍《あんやく》するタイプ。このあたりは人によって評価が分かれるところデスネ。頼りになるけど油断すると背中から謀反を起こす人物とも言えマス。表面上は主君に対する忠誠度が非常に高く、上司の好みを徹底的にリサーチした上で物品を絶えず送る抜かりない仕事をスル。戦国時代に出世したり名を残したりするのは、こういう武将デスネ。

宣教師としての立場から光秀を見た場合は、「残酷《ざんこく》・冷淡」というイメージのほうが強いデスネ。人を処罰する時にはとことん残酷ですし、特定の場面では冷淡を超えて悪意すら感じさせるレベルの振る舞いもしばしば見受けられマス。この人大丈夫か？っていうレベルデスネ。こういう人は、うっかり油断すると本当に謀反を起こしてくるタイプなので注意したいところデス。

ということで明智光秀のレビュー点数は、うっかり謀反を起こしやすそうな面を鑑みて、星マイナス1として……

★★★★☆（武将評価4・0）

としておきマス！

わくわくと素敵が待つ欧州を巡る旅

ヴァリニャーノ神父・天正遣欧少年使節と行く

欧州満喫ツアー

天正10年2月20日～天正18年6月

添乗員 A・ヴァリニャーノ神父

帯同 伊東マンショ（主席正使）
千々石ミゲル（正使）
中浦ジュリアン（副使）
原マルチノ（副使）

集合 長崎港

経由地 マカオ・リスボン
マドリード・マヨルカ島
ピサ・フィレンツェ
シエナ・ローマ
ヴェネツィア
ボローニャ・ミラノ
ジェノバ・バルセロナ
ゴア …
その他有名スポット

解散 長崎港

欧州で日本における宣教の経済的援助の依頼、ならびに欧州世界を見聞・体験することで布教に役立てるキリシタン大名におすすめのツアーです！

■ツアー特典①

ローマにおいてローマ教皇グレゴリウス13世に謁見。ローマ市民権もプレゼント！

■ツアー特典②

ヴァリニャーノ神父が布教方法を直接指導！
※神父の同行はゴアまでとなります。

旅行企画・大友義鎮（宗麟）・大村純忠・有馬晴信

一戦国書評一01

私がアイツに小豆の小袋を送った理由《ワケ》

著・お市の方

金《かね》ヶ崎《がさき》で行われた戦いにおいて挟み撃ちに見舞われた織田信長。金ヶ崎の退き口、金ヶ崎崩れとも呼ばれるこの合戦について、信長の妹であるお市《いち》の方本人がその裏側を詳《つまび》らかに暴露した一冊。本書ではお市の方が、夫である浅井長政の裏切りについて悩みながらも、兄である信長にそれを報告するまでの葛藤《かっとう》が描かれている。また挟み撃ちについて「両端を縛った小豆の袋」を信長に送った当時の状況や、夫や兄への想いも赤裸々《せきらら》に語られている。政略結婚という激流に飲まれながらも、懸命に生きていくお市の方。その人生を振り返りながら、第六天魔王と呼ばれた信長の妹しか知り得ない、信長の知られざる姿や、周りを取り巻く武将たちの裏の顔を余すことなく知ることができる一冊。女性だけでなく、天下取りを目指す戦国武将や、元服したての若手武将にもオススメのエッセイ本。

武将評価：★★★☆☆
（3・6武将ポイント）

矢は束ね方が9割
～一代で成り上がった毛利元就のしごと術～

著・毛利 元就

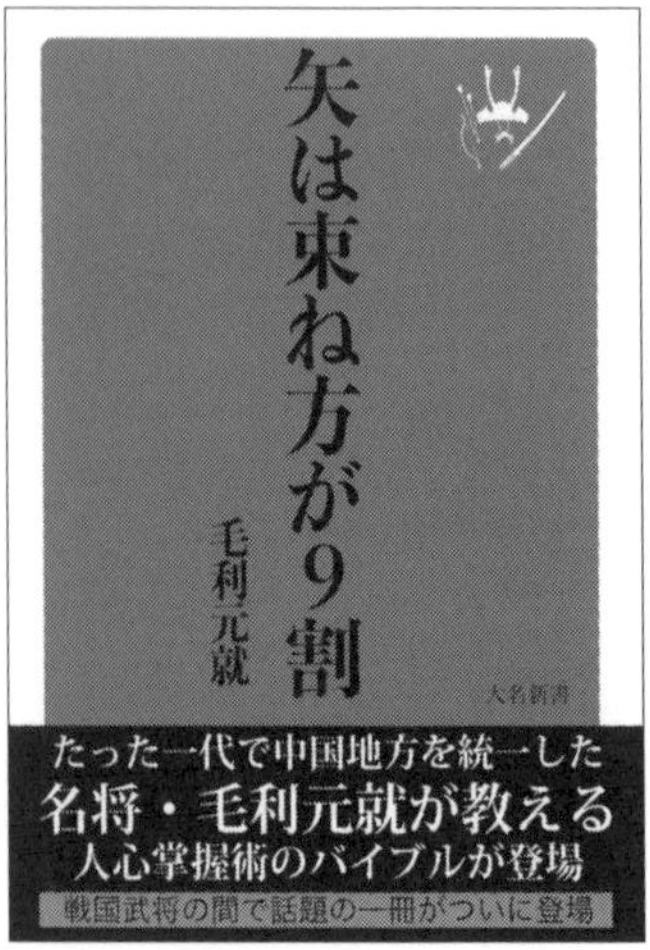

中国地方を治める戦国武将・毛利《もうり》元就《もとなり》による本。自身の経験を元に国運営におけるＫＰＩの設定や、足軽《あしがる》・騎馬《きば》・水軍などの合戦組織マネジメント、また団結力を高めるためのチームビルド手法などが網羅的に紹介されている。戦国ビジネス書としては入門的な内容だが、一代で成り上がりたい人には非常に読みやすい内容。ボードメンバーと意思統一を図《はか》りながらプロジェクトを進めるためのメソッド「三本の矢フレームワーク」は、事前準備からプレゼンテーション手法まで丁寧に解説されており実践的。お家騒動などで揉めている戦国大名がすぐにでも活用できるテクニックが多く掲載されている。また後半では、武略、計略、調略についての解説も網羅されており、策略家を目指す人も手に取りやすい内容となっている。ただし矢は付録として付いていないのでご注意を。

武将評価：★★★★☆
（4・1武将ポイント）

—戦国書評—03

ゼロから始める築城入門
～守りやすい城がすぐにつくれる～

著・藤堂 高虎

20を超える築城に関わった著者が、城づくりのいろはをわかりやすく解説している一冊。自然の石を積み上げて石垣にする「野《の》面《づら》積《づ》み」のステップ別解説や、古い城郭を最新式のモダン城郭《じょうかく》にリノベーションする方法など、城にまつわる様々なノウハウが詰め込まれている。著者自身が合戦に参加する中で経験した「攻めやすい城」「攻めにくい城」のパターンも解説されており非常にわかりやすく、かつ実践的。城以外にも日光東照宮などの設計事例も解説されており、築城を中心に幅広く戦国建築を身につけたい若手武将におすすめの内容。ただし著者が七度に渡って主君を変えていることについて「節操《せっそう》がない」と感じる人はご注意を。また「お金がない時にお餅を無銭飲食する方法」という著者の経験に基づいたグレーなエピソードも掲載されているので、そのあたりはご愛嬌《あいきょう》。

武将評価：★★★☆☆
（3・0武将ポイント）

おわりに

観光で大阪城を訪れたことがあるのですが、城内に「武将の兜《かぶと》を被れるコーナー」があり、実際に体験してみたことがあります。被ってみた感想としては、とにかく重かったです。赤ちゃんぶりくらいに首がグラグラした覚えもあります。写真も撮ってもらったのですが、ジーパン姿でやや照れ笑いしながら立派な兜を被った自分に、「ああこの武将、秒で討ち取られるだろうな」と思いました。戦国時代に生まれなくてよかった。

本書に登場する戦国武将たちは、ちょっぴり情けなかったり、変わっていたりする面々が多く登場しますが、あの重い兜や鎧《よろい》を着込んで合戦場に出ていたのかと思うと、もうその時点でとても偉くて凄いと思いました。武将の肖像画を見ても、照れ笑いして首がグラグラしている武将なんていませんしね。

数百年経ったいまでも魅力あふれる戦国武将たち。好きだからこそ、いろんな想像や妄想をしてしまうわけですが、当の武将たちからすれば「勝手に何を想像しているのだ？」と迷惑がられている可能性は多分にありそうですが、どうもすいません。でもまあ「好きだからこそ」という言い分で、これからもモリモリとパロディをしたためていきたいと思います。兎にも角にも、本書が多少なりとも戦国時代への興味のきっかけになったりすると、めちゃくちゃ幸いです。

スエヒロ

主な参考文献

・『山川 詳説日本史図録 第9版：日B309準拠』詳説日本史図録編集委員会 編（山川出版社、2021年）

・『図解大事典 戦国武将』新星出版社編集部 編（新星出版社、2017年）

・『図解 戦国史 大名勢力マップ 詳細版 増補改訂版』武光誠 監修（standards、2017年）

・『イラスト図解 戦国武将』河合敦 監修（日東書院本社、2012年）

・『ブリタニカ国際大百科事典 小項目事典』（ロゴヴィスタ、2007年）

・『精選版 日本国語大辞典』小学館 編（小学館、2006年）

・『日本大百科全書（ニッポニカ）』（小学館、1994年）

スエヒロ（Twitter @numrock）

京都出身。大学卒業後に上京、サラリーマンとして働く傍ら、日本史に登場する偉人や出来事と「現代あるある」をミックスさせた歴史パロディ画像を作成・発信している。主な著書は『インスタ映えする戦国時代』（大和書房）、『【至急】塩を止められて困っています【信玄】』（飛鳥新社）、『新感覚な歴史の教科書　映える幕末史』（大和書房）など多数。その他、NHKドラマ「光秀のスマホ」、「土方のスマホ」の制作協力にも携わるなど幅広い活動を行う。

イラスト　yukke（Twitter @yu_kk_e）

ブックデザイン　瀧澤弘樹

週刊戦国ゴシップ

2023年2月13日　初版発行

著　者　スエヒロ

発行者　伊住公一朗

発行所　株式会社 淡交社

本　社　〒603-8588 京都市北区堀川通鞍馬口上ル

電話　［営業］（075）432-5156　［編集］（075）432-5161

支　社　〒162-0061 東京都新宿区市谷柳町 39-1

電話　［営業］（03）5269-7941　［編集］（03）5269-1691

www.tankosha.co.jp

印刷・製本　中央精版印刷株式会社

ISBN978-4-473-04544-7